Prayers and Songs of Unity

Gemeinschaft feiern
Gebete und Lieder der Einheit

Célébrer la communauté
Prières et chants d'unité

Celebrar la comunidad
Oraciones y cánticos de unidad

Celebrating Community
Prayers and Songs of Unity

Gemeinschaft feiern
Gebete und Lieder der Einheit

Célébrer la communauté
Prières et chants d'unité

Celebrar la comunidad
Oraciones y cánticos de unidad

WCC Publications, Geneva

Compiled by Janet Crawford, Terry MacArthur and Thomas F. Best

Translations by the WCC Language Service and the staff
of the WCC's Faith and Order secretariat

Cover photo: Peter Williams, WCC
Cover design and lay out: Edwin Hassink, WCC
Music typeset by Terry MacArthur

ISBN 2-8254-1109-4

© 1993 WCC Publications, 150 route de Ferney,
1211 Geneva 2, Switzerland

Printed in Switzerland

Contents

Introduction	vii
Opening prayers	1
Affirmations	6
Prayers of confession	17
Prayers for unity	36
Litanies	51
Music	59
Sources	82
Index	87

Inhaltverzeichnis

Einführung	vii
Eröffnungsgebete	1
Glaubensaussagen	6
Bekenntnisse	17
Gebete für die Einheit	36
Litaneien	51
Musik	59
Quellenangaben	82
Index	87

Table des matières

Introduction	viii
Prières d'ouverture	1
Affirmations	6
Confessions des péchés	17
Prières pour l'unité	36
Litanies	51
Musique	59
Sources	82
Index	87

Indice

Introducción	ix
Oraciones de apertura	1
Afirmaciones	6
Confesiones	17
Oraciones por la unidad	36
Letanías	51
Música	59
Fuentes	82
Indice	87

Introduction

One of the strongest gifts of the ecumenical movement to the churches has been a wealth of new worship material. Through this Christians from diverse traditions and cultures often experience a foretaste of that unity which is theirs in Christ. Sometimes such worship points beyond the level of formal agreement yet reached by the churches themselves.

In preparing worship materials for the fifth world conference on Faith and Order (Santiago de Compostela, Spain, August 1993) we soon discovered that, amongst the many widely-available ecumenical worship materials, relatively few dealt directly with the themes of unity and of koinonia (our belonging together within the one body of Christ). This book, then, brings together some of the best recent worship resources on these central ecumenical themes.

We hope that many will find this collection useful in planning and leading worship which emphasizes our call to be one in Christ, and which explores the meaning of that call for our mission, witness and service together in today's world.

Rev. Janet Crawford
    Moderator, Worship and Bible Studies Planning Group,
    Fifth World Conference on Faith and Order

Rev. Terry MacArthur
    WCC Worship Consultant

Rev. Dr Thomas F. Best
    Executive Secretary, Secretariat, Faith and Order Commission

Einführung

Zu den grössten Reichtümern der ökumenischen Bewegung gehören umfangreiche neue Gottesdienstmaterialien. Sie geben Christen verschiedener Traditionen und Kulturen einen Vorgeschmack jener Einheit, die sie in Christus haben. Hier und da weist solcher Gottesdienst hinaus über die offiziellen Übereinkünfte, die die Kirchen miteinander geschlossen haben.

Bei der Vorbereitung des Gottesdienstmaterials für die Fünfte Weltkonferenz für Glauben und Kirchenverfassung (Santiago de Compostela, Spanien, August 1993) ist uns recht bald aufgefallen, dass sich nur ein relativ geringer Teil der zahlreichen und weitverbreiteten Gottesdienstmaterialien unmittelbar mit den Themen Einheit und Koinonia (unsere Zusammengehörigkeit in dem einen Leib Christi) befasst. Im vorliegenden Band veröffentlichen wir einige der besten aus jüngerer Zeit datierenden Texte zu diesen zentralen ökumenischen Themen.

Wir hoffen, dass Sie diese Texte für die Planung und Leitung von
Gottesdiensten verwenden können, in deren Mittelpunkt unsere Berufung zum
Einssein in Christus steht und in denen die Bedeutung dieser Berufung für
unsere gemeinsame Mission, unser gemeinsames Zeugnis und unseren
gemeinsamen Dienst in der heutigen Welt erforscht wird .

Pfrin. Janet Crawford
    Vorsitzende der Planungsgruppe für Gottesdienste und Bibelstudien,
    Fünfte Weltkonferenz für Glauben und Kirchenverfassung

Pfr. Terry MacArthur
    ÖRK-Berater für Gottesdienstfragen

Pfr. Dr. Thomas F. Best
    Referent im Sekretariat für Glauben und Kirchenverfassung

Introduction

L'un des dons les plus précieux que le mouvement oecuménique ait fait aux
Eglises est un matériel cultuel inédit abondant. A travers ces éléments de culte,
les chrétiens de toutes traditions et cultures ont souvent un avant- goût de cette
unité qui est la leur en Christ. Il arrive que, dans leurs célébrations, ils
dépassent le cadre des accords formels conclus par leurs Eglises respectives.

En préparant le matériel liturgique de la Cinquième Conférence mondiale de
Foi et constitution (Saint-Jacques-de-Compostelle, Espagne, août 1993), nous
avons constaté que, parmi les nombreux textes liturgiques largement diffusés,
il y en avait assez peu qui traitaient spécifiquement des thèmes de l'unité et de
la koinonia (notre appartenance commune au corps un du Christ). Aussi ce
recueil réunit-il certains des meilleurs textes sur ces thèmes oecuméniques
centraux.

Nous espérons que vous serez nombreux à le trouver utile lors de la
préparation et de l'animation de cultes qui portent sur notre vocation à être un
en Christ, et où l'on cherche à discerner les implications de cette vocation pour
notre mission, notre témoignage et notre service communs dans le monde
d'aujourd'hui.

Le pasteur Janet Crawford
    présidente, Groupe de préparation des cultes et des études bibliques,
    Cinquième Conférence mondiale de Foi et constitution

Le pasteur Terry MacArthur
    consultant du COE sur les cultes

Le pasteur Thomas F. Best
    secrétaire exécutif, Secrétariat de la Commission de foi et constitution

Introducción

Una de las mayores contribuciones del movimiento ecuménico a las iglesias ha sido una gran riqueza de material de culto, que ha permitido que los cristianos de diferentes tradiciones y culturas puedan experimentar un anticipo de la unidad que es suya en Cristo. Algunas veces el culto trasciende el acuerdo formal alcanzado por las propias iglesias.

Al preparar el material de culto para la Quinta Conferencia Mundial de Fe y Constitución (Santiago de Compostela, España, agosto de 1993) no tardamos en darnos cuenta que, del mucho material ecuménico de culto disponible, relativamente poco aborda directamente los temas de unidad y de koinonía(el hecho de que juntos formamos parte del cuerpo uno de Cristo). Este libro contiene parte del mejor material reciente de culto sobre estos temas ecuménicos fundamentales.

Confiamos que esta colección les sea útil a la hora de planificar y celebrar un culto que ponga de manifiesto nuestro llamamiento a ser uno en Cristo y que explore el significado de ese llamamiento para nuestra misión, testimonio y servicio común en el mundo de hoy.

Rev. Janet Crawford
    Moderadora, Grupo de Planificación de Culto y Estudios Bíblicos,
    Quinta Conferencia Mundial de Fe y Constitución

Rev. Terry MacArthur
    Asesor del CMI para la planificación de cultos

Rev. Dr Thomas F. Best
    Secretario Ejecutivo, Comisión de Fe y Constitución

● = English
● = Deutsch
■ = Français
■ = Español

Opening prayers
Eröffnungsgebete
Prières d'ouverture
Oraciones de apertura

1 ● Christ, whose insistent call
disturbs our settled lives,
give us discernment to hear your word,
grace to relinquish our tasks,
and courage to follow empty-handed
wherever you may lead;
that the voice of your gospel
may reach to the ends of the earth.

Amen.

● Christus, dessen beharrlicher Ruf
unser fest gegründetes Leben stört,
gib uns Einsicht, dein Wort zu hören.
Verleih uns Gnade, unsere Pflichten fallen zu lassen,
und Mut, mit leeren Händen zu folgen,
wohin auch immer du uns führen wirst;
damit die Stimme deines Evangeliums
das Ende der Welt erreichen möge.

Amen.

■ Christ, toi dont l'appel insistant
vient déranger nos vie installées,
donne-nous le discernement pour entendre ta parole
la grâce de quitter nos travaux,
et le courage de te suivre les mains vides
partout où tu nous conduiras;
que la voix de ton évangile
parvienne aux extrémités de la terre.

Amen.

■ Cristo, tu permanente llamamiento
perturba nuestras vidas ordenadas;
danos discernimiento para escuchar tu palabra,
gracia para renunciar a nuestras tareas,

y valor para seguirte con las manos vacías
adonde tú nos lleves;
que la voz de tu Evangelio
llegue a los confines de la tierra.

Amén.

2 ● O God,
Good beyond all that is good,
Fair beyond all that is fair,
in whom is calmness, peace, and concord;

*overcome the dissensions which divide us from each other,
and bring us back into a unity of love,
which may bear some likeness to your Divine Nature.*

As you are above all things,
make us one by the unanimity of a good mind,
that through the embrace of charity and the bonds of affection,
we may be spiritually one,
as well in ourselves as in each other;

*through that peace of yours which makes all things peaceful,
through the grace, mercy, and tenderness of your Son, Jesus Christ. Amen.*

● O Gott,
gut über allem, was gut ist,
gerecht über allem, was gerecht ist,
in dem Ruhe, Friede und Eintracht herrschen;

*überwinde die Unterschiede, die uns voneinander trennen,
und bring uns zurück in eine Einheit der Liebe,
die etwas Ähnlichkeit hat mit deinem göttlichen Wesen.*

Da du über allem stehst,
lass uns eins werden durch die Einmütigkeit eines guten Herzens,
damit wir durch Nächstenliebe und Bande der Zuneigung,
geistlich eins werden
mit uns selbst und auch miteinander;

*durch diesen deinen Frieden, der alles friedfertig macht,
durch die Gnade, Barmherzigkeit und Güte deines Sohnes Jesus Christus.
Amen.*

■ O Dieu
qui es bon au-delà de toute bonté,
beau au-delà de toute beauté,
en qui n'est que calme, paix et concorde;

*guéris les discordes qui nous séparent les uns des autres
et ramène-nous dans une unité d'amour,
qui soit à la ressemblance de ta nature divine.*

Toi qui est au-dessus de toutes choses,
crée en nous l'unanimité d'un esprit bienveillant,
afin que dans l'étreinte de la charité et les liens de l'affection,
nous soyons spirituellement un,
tant en nous-mêmes que les uns dans les autres;

*par ta paix qui répand la paix sur toute chose,
par la grâce, la miséricorde et la tendresse de ton Fils Jésus Christ. Amen.*

■ Oh Dios
Cuya bondad supera toda bondad,
cuya justicia supera toda justicia
en quien encontramos sosiego, paz, y concordia;

*Haz que nos reconciliemos superando las disensiones que nos dividen,
y devuélvenos a la unidad del amor,
que se asemeje a tu Naturaleza Divina.*

Así como tú estás por encima de todas las cosas,
haznos uno por la unanimidad de un buen pensamiento,
que por el abrazo de la caridad y los lazos de afecto,
seamos espiritualmente uno,
en nosotros mismos y unos en otros;

*Por tu paz que se extiende a todas las cosas,
por la gracia, la misericordia y la ternura de tu Hijo Jesucristo.
Amén.*

3 ● Master and Lord Almighty,
look down from heaven upon your church
and upon all your people and all your flocks,
and save all of us your unworthy servants,
the creatures of your fold;
and grant to us your peace, and your love, and your help,
and send down upon us the gifts of your most Holy Spirit,
that, in a pure heart, and with a good conscience,
we may salute one another with a holy kiss,

Opening prayers / Eröffnungsgebete

not in hypocrisy, but blameless and unspotted,
in one spirit, in the bond of peace and of love,
one body and one spirit, in one faith,
as we have also been called in one hope of our calling,
that we may all of us arrive at the divine and boundless affection,
in Christ Jesus, our Lord, with whom you are blessed.

Amen.

● Gebieter und allmächtiger Herr,
schau vom Himmel herab auf deine Kirche
und auf dein ganzes Volk, und auf all deine Herden
und erlöse uns, alle deine unwürdigen Diener und Dienerinnen,
die Geschöpfe deiner Gemeinde;
schenke uns deinen Frieden, deine Liebe und Hilfe,
sende uns die Gaben deines Heiligen Geistes,
damit wir, mit reinem Herzen und gutem Gewissen,
einander grüssen mit einem heiligen Kuss,
nicht in Heuchelei, sondern schuldlos und unbefleckt,
in einem Geist, in dem Band des Friedens und der Liebe,
in einem Leib und einem Geist, in einem Glauben,
da wir auch gerufen sind in einer Hoffnung unserer Berufung,
damit wir alle zu der göttlichen und grenzenlosen Liebe
in Christus Jesus, unserem Herrn, gelangen, mit dem du
gesegnet bist.

Amen.

■ Maître et Seigneur tout-puissant,
du haut des cieux regarde ton Eglise,
tous les tiens, tous tes troupeaux,
et sauve nous tous, nous tes serviteurs indignes,
les créatures de ton bercail;
accorde-nous ta paix, ton amour, ton secours,
et répands sur nous les dons de ton Saint Esprit,
afin que, d'un coeur pur et avec une bonne conscience,
nous puissions nous saluer les uns les autres d'un saint baiser,
non comme des hypocrites, mais irréprochables et sans taches,
dans un seul et même esprit, dans le lien de la paix et de l'amour,
un seul corps, un seul esprit, une seule foi,
nous qui avons été appelés à l'unique espérance de notre vocation,
pour que nous parvenions tous à l'affection divine et sans limites,
dans le Christ Jésus, notre Seigneur, avec qui tu es béni.

Amen.

■ Señor Dios todopoderoso,
Contempla desde los cielos a tu Iglesia,
y a todo tu pueblo, y a todo tu rebaño,
y sálvanos a todos nosotros, tus indignos servidores,
criaturas de tu grey;
y danos tu paz, y tu amor, y tu ayuda,
y envíanos los dones de tu Espíritu Santo,
para que con pureza de corazón y buena conciencia,
podamos saludarnos unos a otros con ósculo santo,
libres de hipocresía, de culpa y de mancha,
en un solo espíritu, enlazados por la paz y el amor,
en un solo cuerpo y un solo espíritu, en una sola fe
así como también hemos sido llamados con la única esperanza
    de nuestra vocación,
para que podamos todos acceder al amor divino y sin límites,
en Cristo Jesús, nuestro Señor, con el que tú eres bendecido.

Amén.

Affirmations
Glaubensaussagen
Affirmations
Afirmaciones

4 ● We believe that in our encounter with Christians of other traditions
we have nothing to fear.
For when we meet in a spirit of humility and openness,
we discover that
> we have much in common,
> we have riches to receive,
> we have gifts to share
> and that we need one another.

We believe that our divisions are contrary to scripture.
We rejoice that the Holy Spirit is drawing us together in love
to reveal, through the unity of the body of Christ,
> the New Community
> which is God's will for all people and creation.

● Wir glauben, dass wir bei unseren Begegnungen mit Christen
aus anderen Traditionen nichts zu befürchten haben.
Denn wenn wir einander in einem Geist der Demut und Offenheit
begegnen, entdecken wir,
> dass wir viel gemeinsam haben,
> dass wir Reichtümer zu empfangen haben,
> dass wir Gaben zu teilen haben
> und dass wir einander brauchen.

Wir glauben, dass unsere Spaltungen im Widerspruch zur Schrift stehen.
Wir freuen uns, dass uns der Heilige Geist in der Liebe
zusammenführt, um durch die Einheit des Leibes Christi
> die neue Gemeinschaft zu offenbaren,
> die Gott für die alle Menschen
> und die ganze Schöpfung bereithält.

■ Nous croyons que, dans la rencontre avec des chrétiens
d'autres traditions,
nous n'avons rien à craindre.
Car lorsque nous nous rencontrons dans un esprit
d'humilité et d'ouverture,
nous découvrons que
> nous avons beaucoup en commun
> nous avons des richesses à recevoir
> nous avons des dons à partager
> et nous avons besoin les uns des autres.

Nous croyons que nos divisions sont contraires aux Ecritures.
Nous nous réjouissons de ce que le Saint Esprit
nous rassemble dans l'amour
pour révéler, à travers l'unité du Corps du Christ,
> *la Communauté Nouvelle*
>> *qui est la volonté de Dieu pour tous et pour toute la création.*

■ *Creemos que en nuestro encuentro con cristianos de otras tradiciones*
no tenemos nada que temer.
Pues cuando nos congregamos con ánimo de humildad y apertura,
descubrimos que
> *tenemos mucho en común*
> *tenemos dones que recibir*
> *tenemos dones por compartir*
> *y nos necesitamos unos a otros.*

Creemos que nuestras divisiones son contrarias a la Escritura.
Nos alegramos de que el Espíritu Santo nos congregue con amor
para revelarnos, a través de la unidad del Cuerpo de Cristo,
> *la Nueva Comunidad,*
>> *que es la voluntad de Dios para la humanidad y la creación.*

5 ● Do everything in common:
Unite in one prayer, one petition,
one mind, one hope,
in love and faultless joy.
All this is Jesus Christ,
and there is nothing better than he.
So make haste, all of you,
to come together as to one temple of God,
around one altar,
around the one Jesus Christ,
who came forth from the one Father,
while still remaining one with him,
and has returned to unity with him.

● Tut alles gemeinsam,
seid eins in einem Gebet, einer Fürbitte,
seid eines Sinnes und einer Hoffnung,
seid eins in Liebe und unverfälschter Freude.
Dies alles ist Jesus Christus,
es gibt nichts Besseres als ihn.
Daher beeilt euch, ihr alle,
und kommt zusammen zu dem einen Tempel Gottes,
versammelt um den einen Altar,
um den einen Jesus Christus,

der, obwohl er aus dem einen Vater hervorgegangen ist,
weiter mit ihm eins bleibt
und zur Einheit mit ihm zurückgekehrt ist.

■ Faites tout en commun
Unissez-vous en une seule prière, une seule demande,
un seul esprit, une seule espérance,
dans l'amour et la joie parfaite.
Tout cela c'est Jésus Christ,
et il n'est rien de meilleur que lui.
Hâtez-vous donc, vous tous,
de vous rassembler en tant que l'unique temple de Dieu,
autour de l'autel,
autour de l'unique Jésus Christ,
qui est issu du seul Père,
tout en restant un avec lui,
et qui est retourné dans l'unité avec lui.

■ Hagamos todo en común.
Unámonos en una oración, un ruego,
una intención, una esperanza
impregnada de amor y gozo sin tacha.
Esto y más es Jesucristo,
al que nadie ni nada puede superar.
Apresuraos todos
a venir juntos al templo de Dios,
rodeando el altar,
en torno a Jesucristo, que es único
y vino del Padre,
mientras seguía siendo uno con el Padre,
y ha vuelto a unirse con El.

6   ● Because God's purpose is to gather the whole creation under the Lordship of Jesus Christ,
because God's purpose for the church is to unite people with Christ in the power of the Spirit,
because the church is a foretaste of the koinonia which God wills,
we give you thanks and praise, O God.

As we draw closer to Christ, we draw closer to each other.

Response   O Holy Spirit, come. Make us feel a thirst and hunger for unity. # 35

Affirmations / Afirmaciones

When your church unites people with Christ in the power of the Spirit
and manifests communion in prayer and action,
when your church proclaims reconciliation, provides healing and
overcomes divisions of race, gender, age and culture,
We give you thanks and praise, O God.

As we draw closer to Christ, we draw closer to each other.

Response

For the ecumenical movement, where we walk together in mutual
understanding, agreement in faith, and in shared witness and service,
for the recognition of the communion that already binds us and for the
fruit of the Holy Spirit in our midst,
we give you thanks and praise, O God.

As we draw closer to Christ, we draw closer to each other.

Response

● Weil es Gottes Wille ist, die ganze Schöpfung unter der Herrschaft
   Jesu Christi zusammenzufassen,
weil es Gottes Willen für die Kirche ist, Menschen mit Christus
   in der Kraft des Geistes zu vereinen,
weil die Kirche eine Vorwegnahme der Koinonia ist, die Gott will,
danken wir dir und preisen dich, o Gott.

Wenn wir uns Christus zuwenden, kommen wir einander näher.

Antwortgesang O Holy Spirit, come. Make us feel a thirst and hunger
              for unity.   # 35

Wenn deine Kirche Menschen mit Christus in der Kraft des Geistes
vereint und Gemeinschaft im Gebet und Handeln sichtbar macht,
wenn deine Kirche Versöhnung verkündigt, Heilung wirkt und
Trennungen aufgrund von Rasse, Geschlecht,
Alter und Kultur überwindet,
danken wir dir und preisen dich, o Gott.

Wenn wir uns Christus zuwenden, kommen wir einander näher.

Antwortgesang

Für die ökumenische Bewegung, in der wir im gegenseitigen
Verständnis, in Übereinstimmung im Glauben und im miteinander
geteilten Zeugnis und Dienst gemeinsam auf dem Weg sind,
für die Anerkennung der Gemeinschaft, die uns bereits verbindet und

für die Frucht der wirksamen Gegenwart des Heiligen Geistes
in unserer Mitte danken wir dir und preisen dich, o Gott.

Wenn wir uns Christus zuwenden, kommen wir einander näher.

Antwortgesang

■ Parce que le dessein de Dieu est de rassembler toute la création sous
    un seul Chef, Jésus Christ,
Parce que le dessein de Dieu pour l'Eglise est d'unir le peuple au Christ
    dans la puissance de l'Esprit,
parce que l'Eglise est l'avant-goût de la koinonia voulue par Dieu,
nous te rendons grâces et te louons, O Dieu.

En nous rapprochant du Christ, nous nous rapprochons les uns des autres.

Répons O Holy Spirit, come. Make us feel a thirst and hunger
        for unity.   # 35

Lorsque ton Eglise unit les êtres humains au Christ dans la puissance
de l'Esprit et manifeste cette communion dans la prière et l'action,
lorsque ton Eglise proclame la réconciliation, offre la guérison et
surmonte les divisions fondées sur la race, le sexe, l'âge et la culture,
nous te rendons grâces et te louons, O Dieu.

En nous rapprochant du Christ, nous nous rapprochons les uns des autres.

Répons

Pour le mouvement oecuménique, quand nous cheminons ensemble
dans la compréhension mutuelle, la convergence théologique,
le témoignage et le service partagés,
Pour la reconnaissance de la communion qui nous lie déjà
et pour le fruit de l'Esprit-Saint parmi nous,
nous te rendons grâces et te louons, O Dieu.

En nous rapprochant du Christ, nous nous rapprochons les uns des autres.

Répons

■ El designio de Dios es reunir a toda la creación
    bajo el Señorío de Jesucristo;
el designio de Dios para la Iglesia es unir a la humanidad con Cristo
    en el poder del Espíritu;
la Iglesia es un anticipo de la koinonía a que aspira Dios,
y por eso, Oh Dios, te alabamos y damos las gracias.

Cuando nos acercamos a Cristo, nos acercamos unos a otros.

Responsorio O Holy Spirit, come. Make us feel a thirst and hunger for unity. # 35

Cuando tu iglesia une a la humanidad con Cristo en el poder del Espíritu
y manifiesta la comunión en la acción y la oración,
cuando tu Iglesia proclama la conciliación, cura los males y supera las divisiones de raza, sexo, edad y cultura,
te alabamos y damos las gracias, Señor.

Cuando nos acercamos a Cristo, nos acercamos unos a otros.

Responsorio

Por el movimiento ecuménico, en el que caminamos juntos
en la comprensión y entendimiento, y unidos en la misma fe,
 testimonio y servicio.
Por el reconocimiento de la comunión que ya nos une y por el fruto del Espíritu Santo entre nosotros,
Te alabamos y damos las gracias, Señor.

Cuando nos acercamos a Cristo, nos acercamos unos a otros.

Responsorio

7 ● Recollection of the history of Faith and Order

In response to the wish and prayer of Christ that those who believe in him may be one, the Faith and Order movement proclaims the oneness of the church of Jesus Christ and calls the churches to the goal of visible unity in one faith and one eucharistic fellowship, expressed in worship and in common life in Christ, in order that the world may believe. As we gather together on this pilgrimage towards the visible unity of Christ's church, we recall with hope the affirmation of those who gathered at Lausanne in 1927:

"God's Spirit has been in the midst of us. It was he who called us hither. His presence has been manifest in our worship, our deliberations and our whole fellowship. He has discovered us to one another. He has enlarged our horizons, quickened our understanding and enlivened our hope. We have dared and God has justified our daring. We can never be the same again."

Response Seigneur, rassemble-nous # 31

Affirmations / Glaubensaussagen

We pray with those who gathered at Edinburgh in 1937:

"We give thanks to Almighty God, Father, Son and Holy Spirit, that we are one in our Lord Jesus Christ; not by the agreement of our minds or the consent of our wills, but by that which he, in his unmerited grace, has done for us in his incarnation, death and resurrection, and by the gift of the Holy Spirit."

Response

We are challenged by the words of those who gathered at Lund in 1952:

"We have now reached a crucial point in our ecumenical discussions. As we have come to know one another better our eyes have been opened to the depth and pain of our separations and also to our fundamental unity. The measure of unity which has been given to the churches to experience together must now find clearer manifestation. A faith in the one Church of Christ which is not implemented by acts of obedience is dead. Should not our churches ask themselves whether they are showing sufficient eagerness to enter into conversation with other churches, and whether they should not act together in all matters except those in which deep differences of conviction compel them to act separately?"

Response

With those at Montreal in 1963 we pray:

"Almighty God our Father, who has answered the divisive ways of thy rebellious people by offering atonement and unity in thy Son Jesus Christ, so deliver us now from all mutual suspicion, estrangement and bondage to our separate histories, that we may faithfully maintain the unity of thy Spirit and surely come to the oneness in faith, love and witness which thou dost ordain, through Christ our Lord. Amen."

Response

● **Erinnerung an die Geschichte von Glauben und Kirchenverfassung**

In Antwort auf den Willen und das Gebet Christi, dass die, die an ihn glauben, eins seien, verkündet die Bewegung für Glauben und Kirchenverfassung die Einheit der Kirche Jesu Christi und ruft die Kirchen zum Ziel der sichtbaren Einheit in dem einen Glauben und der einen eucharistischen Gemeinschaft auf, die im Gottesdienst und gemeinsamen Leben in Christus zum Ausdruck kommen, damit die Welt glaube. So wie wir uns hier auf dieser Pilgerreise zur sichtbaren Einheit der Kirche Christi versammeln, erinnern wir uns hoffnungsvoll an die Beteuerung der 1927 in Lausanne Versammelten:

"Gottes Geist ist in unserer Mitte gewesen. Er war es, der uns hierher gerufen hat. Dass Er bei uns war, wurde in unseren Gottesdiensten, unseren Beratungen und in unserem gesamten brüderlichen (und schwesterlichen) Verkehr offenbar. Er hat uns geholfen, uns einander zu erschliessen. Er hat unseren Horizont erweitert, unser Verständnis beseelt und unsere Hoffnung angefeuert. Ein Wagnis haben wir unternommen, und Gott hat unserem Wagnis recht gegeben. Wir können niemals wieder dieselben sein, die wir ehedem waren."

Antwortgesang Seigneur, rassemble-nous   # 31

Wir beten mit denen, die 1937 in Edinburgh versammelt waren:

"Wir danken dem Allmächtigen Gott, dem Vater, dem Sohn und dem Heiligen Geist, dass wir eins sind in unserem Herrn Jesus Christus; nicht durch die Übereinstimmung in unserem Denken oder die Zustimmung unseres Willens, sondern durch das, was Er ohne unser Verdienst in Seiner Gnade für uns getan hat in Seiner Fleischwerdung, Seinem Tode und Seiner Auferstehung, und durch die Gabe des Heiligen Geistes."

Antwortgesang:

Wir werden durch die Worte derjenigen herausgefordert, die 1952 in Lund versammelt waren:

"Wir haben einen entscheidenden Punkt in unseren ökumenischen Gesprächen erreicht. In dem Masse, in dem wir einander besser kennengelernt haben, sind unsere Augen für die schmerzliche Tiefe unserer Spaltungen wie für unsere grundlegende Einheit geöffnet worden. Das Mass an Einheit, das die Kirchen gemeinsam erfahren durften, muss einen klareren Ausdruck finden. Ein Glaube an die eine Kirche Christi, der nicht durch Taten des Gehorsams ergänzt wird, ist tot. ... Sollten unsere Kirchen sich nicht fragen, ob sie immer die genügende Bereitschaft zeigen, mit anderen Kirchen ins Gespräch zu kommen, und ob sie nicht in allen Dingen gemeinsam handeln müssten, abgesehen von solchen, in denen tiefe Unterschiede der Überzeugung sie zwingen, für sich allein zu handeln?"

Antwortgesang:

Mit denen, die 1963 in Montreal waren, beten wir:

"Allmächtiger Gott, unser Vater, der du deinem Volk, das sich immer wieder gegen dich auflehnt und seiner eigenen Wege geht, dadurch antwortest, dass du Versöhnung und Einheit in deinem Sohn Jesus Christus darreichst, erlöse uns aus unserem gegenseitigen Misstrauen, aus der Entfremdung und einer einseitigen Bindung an unsere eigene Geschichte, auf dass wir treu die Einheit deines Geistes wahren und zum

Einssein in Glauben, Liebe und Zeugnis gelangen, das du gebietest durch Christus, unseren Herrn. Amen."

Antwortgesang

■ Rappel de l'histoire de Foi et constitution

En réponse au voeu et à la prière du Christ – que ceux qui croient en lui soient un – le mouvement de Foi et constitution proclame l'unité de l'Eglise de Jésus Christ et appelle les Eglises à tendre vers l'unité visible en une seule foi et en une seule communauté eucharistique exprimée dans le culte et dans la vie commune en Christ, afin que le monde croie. Réunis pour ce pèlerinage vers l'unité visible de l'Eglise, nous nous souvenons avec espoir de l'affirmation de ceux qui étaient réunis à Lausanne en 1927:

"L'Esprit de Dieu a été au milieu de nous. C'est lui qui nous avait conviés. Nous avons senti sa présence dans nos cultes en commun, dans nos délibérations, dans nos rapports mutuels. Nous avons été révélés les uns aux autres par lui. Il a élargi nos horizons, stimulé notre compréhension, vivifié notre espérance. Nous avons osé, et Dieu a justifié notre audace. Nous ne serons plus jamais ce que nous étions auparavant."

Répons Seigneur, rassemble-nous # 31

Nous prions avec ceux qui étaient rassemblés à Edimbourg en 1937:

"Nous rendons grâces au Dieu Tout-puissant, Père, Fils et Saint-Esprit, de ce que nous sommes un en notre Seigneur Jésus Christ, non par l'accord de nos esprits ou l'assentiment de nos volontés, mais par ce qu'il a fait pour nous, dans Sa grâce miséricordieuse, par Son incarnation, Sa mort et Sa résurrection, et par le don du Saint-Esprit."

Répons

Nous sommes interpellés par les paroles prononcées en 1952 par les participants à la Conférence de Lund:

"Nous sommes parvenus à un moment critique de nos discussions oecuméniques. Apprenant à nous connaître davantage les uns les autres, nous avons mieux discerné combien nos séparations sont profondes et douloureuses, et cependant quelle est notre fondamentale unité. Il faut que, dans la mesure où il a été donné aux Eglises de faire une expérience d'unité, celle-ci soit plus clairement manifestée. La foi en l'Eglise une que n'accompagnent pas des actes d'obéissance est morte... Nos Eglises ne devraient-elles pas toutes se demander si elles ont été assez zélées pour entrer en relation et conversation les unes avec les autres, et si réellement, elles ne devraient pas toujours agir ensemble, sauf dans le cas où de profondes différences de conviction les contraignent à une action séparée?"

Répons

Avec ceux qui étaient à Montréal en 1963, nous prions:

"Seigneur, Dieu tout-puissant, notre Père, tu as répondu à l'esprit de division de ton peuple rebelle en accomplissant toi-même l'expiation et la réconciliation en ton Fils, Jésus-Christ. Délivre-nous de toute méfiance réciproque, de toute servilité au passé que nous avons connu séparément, pour que nous puissions demeurer fidèlement dans l'unité de ton Esprit et parvenir avec assurance à l'unité de foi, d'amour et de témoignage que tu ordonnes par Jésus Christ, notre Seigneur. Amen."

Répons

Resumen de la Historia de Fe y Constitución

Atendiendo al deseo y a la oración de Cristo de que todos los que creen en El sean uno, el movimiento Fe y Constitución proclama la unidad de la Iglesia de Jesucristo y convoca a las iglesias al logro de la unidad visible en una fe y una comunión eucarística, manifestada en el culto y en una vida común en Cristo, para que el mundo crea. En el momento en que nos reunimos en esta peregrinación hacia la unidad visible de la Iglesia de Cristo, recordamos con esperanza la afirmación de los que se congregaron en Lausana en 1927:

"El Espíritu de Dios ha estado entre nosotros. El es el que nos ha convocado aquí. Su presencia se ha manifestado en nuestra oración, nuestras deliberaciones y toda nuestra comunidad. Nos ha hecho descubrirnos unos a otros. El ha ampliado nuestros horizontes, agilizado nuestra comprensión, y ha dado vida a nuestra esperanza. Hemos osado y Dios ha justificado nuestra osadía. Ya nunca seremos los mismos."

Responsorio: Seigneur, rassemble-nous　　　　　　　　　　　　# 31

Oramos con todos los que se congregaron en Edinburgo en 1937:

"Gracias Señor Todopoderoso, Padre, Hijo y Espíritu Santo, por ser uno en nuestro Señor Jesucristo, no por decisión de nuestra mente o por la aceptación de nuestra voluntad, sino por lo que El, en Su divina Gracia, ha hecho por nosotros en su encarnación, muerte y resurrección y por el don del Espíritu Santo."

Responsorio

Inspirados por las palabras de los que se reunieron en Lund en 1952:

"Hemos llegado al punto crucial de nuestros debates ecuménicos. A medida que nos hemos ido conociendo mejor, se nos han abierto los ojos al profundo dolor de nuestra separación y a la fundamental necesidad de unidad. La unidad que ha sido dada a las iglesias para que la vivan juntas debe tener ahora una manifestación más evidente. Una fe en la Iglesia una de Cristo que no vaya seguida de actos de obediencia, será una fe muerta. ¿Acaso no deberían nuestras iglesias preguntarse si están dando prueba de voluntad suficiente de entrar en relación con otras iglesias y no deberían actuar juntas en todas las cuestiones, salvo aquéllas en que las profundas diferencias de credo las obligan a actuar por separado?"

Responsorio

Con los que asistieron a Montreal en 1963, oramos:

"Dios Todopoderoso, Padre nuestro, que has respondido a las divisiones de tu pueblo rebelde ofreciéndole perdón y unidad en tu Hijo Jesucristo, líbranos ahora de nuestras suspicacias, aislamiento y sujeción a nuestras historias divergentes, para que mantengamos fielmente la unidad de tu Espíritu y lleguemos seguros a la unidad en la fe, el amor y el testimonio que tú nos has encargado a través de Cristo nuestro Señor. Amén."

Responsorio

Prayers of confession
Bekenntnisse
Confession des péchés
Confesiones

8 ● God of love,
We have often misunderstood the diverse gifts of the Spirit.
Our churches are painfully divided within themselves
and among each other.
We are separated one from another and satisfied to co-exist in division.

Forgive us, O God. Lead us to repentance and grant us the joy of communion.

Response Ch'iu Chu # 37

Our witness is damaged by our divisions.
We have failed to draw the consequences from the measure
of communion you have already given us.
We have hesitated to recognize each other's expressions of faith,
baptism and ministries.
We have become indifferent to our division and to the sufferings
and injustice of our world.
We are satisfied to co-exist in separation.

Forgive us, O God. Lead us to repentance and grant us the joy of communion.

Response

O God, holy and undivided Trinity, give to us who are still divided the thirst and hunger for communion in faith, life and witness. Keep us restless until we grow together in accord with Christ's prayer that we who believe in him may be one.

Forgive us, O God. Lead us to repentance and grant us the joy of communion.

Response

Words of forgiveness

Almighty God have mercy on you, forgive you all your sins through our Lord Jesus Christ, strengthen you in all goodness, and by the power of the Holy Spirit keep you in eternal life.

Amen.

● Gott der Liebe,
wir haben oft die unterschiedlichen Gaben des Geistes missverstanden.
Unsere Kirchen sind schmerzlich in sich selbst
und untereinander getrennt.
Wir sind voneinander getrennt und geben uns zufrieden, in der
Trennung nebeneinander her zu leben.

Vergib uns, o Gott, führe uns zur Busse und erfülle uns mit der Freude der Gemeinschaft.

Antwortgesang Ch'iu Chu # 37

Unser Zeugnis wird durch unsere Trennungen geschädigt.
Wir haben es versäumt, Konsequenzen aus dem Mass der Gemeinschaft,
die du uns bereits gegeben hast, zu ziehen. Wir haben gezögert, den
gegenseitigen Ausdruck des Glaubens, der Taufe und der Ämter
untereinander anzuerkennen.
Wir sind gegenüber unserer Trennung sowie dem Leiden und der
Ungerechtigkeit in unserer Welt gleichgültig geworden. Wir geben uns
zufrieden, in unserer Trennung nebeneinander her zu leben.

Vergib uns, o Gott, führe uns zur Busse und erfülle uns mit der Freude der Gemeinschaft.

Antwortgesang

O Gott, heilige und ungeteilte Dreifaltigkeit, lass uns, die wir noch
immer getrennt sind, hungern und dürsten nach der Gemeinschaft im
Glauben, Leben und Zeugnis. Lass uns nicht ruhen, bis wir in
Übereinstimmung mit Christi Gebet zusammenwachsen, damit wir,
die wir an ihn glauben, eins seien.

Vergib uns, o Gott, führe uns zur Busse und erfülle uns mit der Freude der Gemeinschaft.

Zuspruch der Vergebung

Der allmächtige Gott sei euch gnädig, vergebe euch all eure Schuld
durch unseren Herrn Jesus Christus, stärke euch in aller Güte, und
bewahre euch zum ewigen Leben durch die Kraft des Heiligen Geistes.

Amen.

■ Dieu d'amour,
nous nous sommes souvent mépris sur les divers dons de l'Esprit.
Nos Eglises sont douloureusement divisées à l'intérieur d'elles-mêmes
et entre elles.

Nous sommes séparés les uns des autres
et nous nous satisfaisons d'une coexistence dans la division.

Pardonne-nous, O Dieu, conduis-nous à la repentance et donne-nous la joie de la communion.

Répons   Ch'iu Chu   # 37

Nos divisions portent préjudice à la crédibilité de notre témoignage.
Nous avons négligé de tirer les conséquences du degré de communion
que tu nous as déjà donné.
Nous avons hésité à reconnaître mutuellement notre foi, notre baptême
et nos ministères.
Nous sommes devenus indifférents à nos divisions
comme aux souffrances et à l'injustice du monde.
Nous nous satisfaisons d'une coexistence dans la séparation.

Pardonne-nous, O Dieu, conduis-nous à la repentance et donne-nous la joie de la communion.

Répons

O Dieu, Trinité sainte et indivise, donne à ceux qui sont encore divisés
faim et soif d'une communion de foi, de vie et de témoignage.
Garde-nous inquiets jusqu'au jour où nous deviendrons un,
selon la prière du Christ : que nous qui croyons en lui soyons un.

Pardonne-nous, O Dieu, conduis-nous à la repentance et donne-nous la joie de la communion.

Répons

Parole de pardon

Que Dieu tout-puissant aie pitié de vous, vous pardonne tous vos péchés
par notre Seigneur Jésus Christ, vous renforce dans le bien et, par la
puissance de l'Esprit-Saint, vous garde dans la vie éternelle.

Amen.

■ Dios de amor
Hemos confundido con frecuencia los numerosos dones del Espíritu.
Nuestras iglesias están dolorosamente divididas en su seno y entre sí.
Estamos separados unos de otros y nos conformamos con coexistir en la
división.

Perdónanos, Señor, llévanos al arrepentimiento y concédenos la gracia de la comunión.

Responsorio Ch'iu Chu # 37

Nuestro testimonio está quebrantado por nuestras divisiones
No hemos sabido sacar las consecuencias de la comunión
que ya nos has dado.
Hemos vacilado en reconocer las expresiones de fe, bautismo
y ministerios del prójimo.
Nos hemos hecho indiferentes a nuestras divisiones así como a los
sufrimientos y las injusticias de nuestro mundo.
Nos conformamos con coexistir en la separación.

Perdónanos, Señor, llévanos al arrepentimiento y concédenos la gracia de la comunión.

Responsorio

Oh Dios, santísima e indivisa Trinidad, danos a los que seguimos divididos sed y hambre de comunión en la fe, la vida y el testimonio. No nos des tranquilidad hasta que crezcamos juntos según la oración de Cristo de que los que creen en El sean uno.

Perdónanos, Señor, llévanos al arrepentimiento y concédenos la gracia de la comunión.

Responsorio

Palabra de perdón

Que Dios Todopoderoso tenga piedad de vosotros, perdone vuestros pecados por Jesucristo nuestro Señor, os dé fortaleza para el bien y por el poder del Espíritu Santo, os lleve a la vida eterna.

Amén.

9 ● When we have neglected your claim upon our lives,
When we have failed to affirm others whom you have called,
When we have stumbled from your way,

Forgive us our sins, O God, as we forgive those who sin against us.

Silence

When we have wounded others,
When we have been too rigid or too easily swayed,
When we have been self-protecting or over-sensitive,

Forgive us our sins, O God, as we forgive those who sin against us.

Silence

When we have guarded our privileges while others suffer,
When we have used our weakness as an excuse for inaction,
When we lose the will to answer your summons,

Forgive us our sins, O God, as we forgive those who sin against us.

Silence

Response Tell us, Lord, what has happened to us　　　　　　　# 38

Words of forgiveness

Christ has called us into God's marvellous light. You were outside God's mercy once, but now you are blessed and forgiven.

To God be the glory for ever and ever, Amen.

● Wenn wir uns deinem Anspruch auf unser Leben versagt haben,
wenn wir es versäumt haben, andere zu bejahen, die du gerufen hast,
wenn wir von deinem Wege abgekommen sind,

*vergib uns unsere Sünden, o Gott, wie wir vergeben denjenigen,
die sich an uns versündigen.*

Stille

Wenn wir andere verletzt haben,
wenn wir zu unbeweglich oder zu leicht beeinflussbar gewesen sind,
wenn wir Selbstschutz getrieben haben oder überempfindlich
　　gewesen sind,

*vergib uns unsere Sünden, o Gott, wie wir vergeben denjenigen,
die sich an uns versündigen.*

Stille

Wenn wir unsere Privilegien behalten haben, während andere leiden,
wenn wir unsere Schwäche als eine Entschuldigung für Trägheit
　　benutzt haben,
wenn wir den Willen verlieren, auf deinen Ruf zu antworten,

*vergib uns unsere Schuld, o Gott, wie wir vergeben denjenigen,
die sich an uns versündigen.*

Prayers of confession / Bekenntnisse

Stille

Antwort Sag uns, Jesus, was mit uns geschehen ist   # 38

Zuspruch der Vergebung

Christus hat uns in Gottes wunderbares Licht gerufen. Einst wart ihr von Gottes Gnade ausgeschlossen, jetzt aber seid ihr gesegnet und wird euch Vergebung zuteil.

Ehre sei Gott – von Ewigkeit zu Ewigkeit. Amen.

■ Pour avoir oublié que nos vies t'appartiennent,
Pour avoir manqué d'en soutenir d'autres que tu as appelés,
Pour nous être écartés de ton chemin,

Pardonne-nous nos offenses, O Dieu, comme nous pardonnons à ceux qui nous ont offensés.

Silence

Pour avoir blessé d'autres personnes,
Pour avoir été trop rigides ou trop influençables,
Pour nous être trop protégés nous-mêmes ou avoir été trop susceptibles,

Pardonne-nous nos offenses, O Dieu, comme nous pardonnons à ceux qui nous ont offensés.

Silence

Pour avoir préservé nos privilèges alors que d'autres souffrent,
Pour avoir fait de notre faiblesse une excuse pour ne rien faire,
Pour n'avoir pas eu la volonté de répondre à ton appel,

Pardonne-nous nos offenses, O Dieu, comme nous pardonnons à ceux qui nous ont offensés.

Silence

Répons Dis-nous, Seigneur, ce qui nous est arrivé   # 38

Parole de pardon

Le Christ nous a appelés à la merveilleuse lumière de Dieu. Autrefois vous étiez loin de la miséricorde de Dieu, mais aujourd'hui vous êtes bénis et pardonnés.

A Dieu soit la gloire aux siècles des siécles. Amen.

■ Por haber ignorado el derecho que tienes sobre nuestras vidas,
Por haber dejado de apoyar a otras personas que tú has llamado,
Por haber tropezado y habernos apartado de tu camino,

Perdona nuestros pecados, oh Dios, así como nosotros perdonamos a los que nos han ofendido.

Silencio

Por haber herido a otros,
Por haber sido demasiado rígidos o demasiado influenciables,
Por haber buscado protegernos o haber sido demasiado sensibles,

Perdona nuestros pecados, Oh Dios, así como nosotros perdonamos a los que nos han ofendido.

Silencio

Por haber mantenido nuestros privilegios aunque otros sufran,
Por haber utilizado nuestra debilidad como excusa para no hacer nada,
Por haber perdido la voluntad de responder a tu convocación,

Perdona nuestros pecados, Oh Dios, así como nosotros perdonamos a los que nos han ofendido.

Silencio

Responsorio Dinos, Jesús, ¿qué nos ha pasado?　　　　　　　　# 38

Palabra de perdón

Cristo nos ha llamado a ir hacia la maravillosa luz de Dios. Antes estabais alejados de la misericordia de Dios, pero ahora sois bendecidos y perdonados.

Gloria a Dios por los siglos de los siglos, Amén.

10 ● If we say we have no sin, we deceive ourselves and the truth is not in us. Trusting in God's mercy, we ask forgiveness for our sin.

Almighty God, you judge not by outward appearances and you know how often we turn away from you in thought, word and deed. Forgive us and help us to live as your obedient sons and daughters.

Silence

Response Tell us, Lord, what has happened to us　　　　　　　　# 38

Gracious God, you have called us to be a new community in Christ and yet we remain divided. Forgive us our fear, anxiety, prejudice and misunderstandings. Strengthen our common bonds and deepen our resolve to promote the unity of your church.

Silence

Response

Loving God, friend of sinners and author of good news for the poor, too often we neglect the needy and enjoy our freedom at the expense of others. Forgive us our pride, arrogance, and desire to dominate. Melt the hardness of our hearts and help us to love both neighbour and stranger.

Silence

Response

Redeemer God, give us grace to amend our ways so that we may walk in newness of life, through Jesus Christ our Lord.

Words of forgiveness

Christ gave himself for our sins.
I invite you to turn to your neighbour and say,
"May Jesus Christ give you grace and peace."

● Wenn wir behaupten, wir haben nicht gesündigt, dann belügen wir uns selbst, und die Wahrheit ist nicht in uns. Weil wir auf Gottes Barmherzigkeit vertrauen, bitten wir um Vergebung unserer Sünden.

Allmächtiger Gott, du urteilst nicht nach Äusserlichkeiten und du weisst, wie oft wir uns in Gedanken, Worten und Werken von dir abwenden. Vergib uns und hilf uns, als deine gehorsamen Töchter und Söhne zu leben.

Stille

Antwort Sag uns, Jesus, was mit uns geschehen ist　　　　　　　　# 38

Gnädiger Gott, du hast uns gerufen, eine neue Gemeinschaft in Christus zu sein, und doch bleiben wir getrennt. Vergib uns unsere Angst und Besorgnis, unsere Vorurteile und Missverständnisse. Stärke unsere gemeinsamen Bande und vertiefe unseren Vorsatz, die Einheit deiner Kirche zu fördern.

Stille

Antwort

Liebender Gott, Freund der Sünder und Urheber der guten Botschaft für die Armen, zu oft vernachlässigen wir die Bedürftigen und freuen uns unserer Freiheit auf Kosten der anderen. Vergib uns unseren Stolz und unsere Überheblichkeit sowie unseren Wunsch zu herrschen. Lass die Härte in unseren Herzen schmelzen und hilf uns, Nächste und Fremde zu lieben.

Stille

Antwort

Erlöser Gott, schenke uns Gnade,
damit wir unsere Lebensweise berichtigen
und in unserem neuen Leben wandeln,
durch Jesus Christus, unseren Herrn.

Zuspruch zur Vergebung

Christus gab sich selbst hin für unsere Sünden.
Ich möchte euch einladen, euch an euren Nachbarn zu wenden
und zu sagen:
"Möge Jesus Christus euch Gnade und Frieden schenken."

■ Si nous disons que nous n'avons pas de péché, nous nous trompons nous-mêmes et la vérité n'est pas en nous. Confiants en la miséricorde de Dieu, nous demandons pardon pour notre péché.

Dieu tout-puissant, tu ne juges pas selon les apparences et tu sais combien souvent nous nous détournons de toi en pensées, en paroles et en actes. Pardonne-nous et aide-nous à vivre comme tes fils et tes filles obéissants.

Silence

Répons Dis-nous, Seigneur, ce qui nous est arrivé # 38

Dieu de miséricorde, tu nous a appelés à être une nouvelle communauté en Christ et pourtant nous demeurons divisés. Pardonne nos peurs, nos inquiétudes, nos préjugés et nos malentendus. Affermis les liens qui nous unissent et approfondis notre détermination à promouvoir l'unité de ton Eglise.

Silence

Répons

Dieu d'amour, ami des pécheurs et initiateur de bonnes nouvelles pour les pauvres, trop souvent nous négligeons les démunis et jouissons de notre liberté au détriment des autres. Pardonne notre orgueil, notre arrogance et notre désir de dominer. Fais fondre la dureté de nos coeurs et aide-nous à aimer le prochain comme l'étranger.

Silence

Répons

Dieu rédempteur, fais-nous la grâce d'amender nos voies en sorte que nous marchions en nouveauté de vie, par Jésus Christ notre Seigneur.

Parole de pardon

Le Christ s'est livré lui-même pour nos péchés.
Je vous invite à vous tourner vers votre voisin et à dire
"Que Jésus Christ te donne la grâce et la paix."

■ Si decimos que no tenemos pecado, nos estamos engañando y la verdad no está en nosotros. Confiando en la misericordia de Dios, pedimos perdón por nuestros pecados.

Dios Todopoderoso, tú no nos juzgas por las apariencias externas y sabes cuán a menudo nos alejamos de ti en pensamiento, palabra y obra. Perdónanos y ayúdanos a vivir como hijos e hijas obedientes.

Silencio

Responsorio Dinos, Jesús, ¿qué nos ha pasado? # 38

Dios misericordioso, tú nos has convocado a ser una nueva comunidad en Cristo y aún estamos divididos. Perdónanos por nuestros miedos, ansiedades, prejuicios y malentendidos. Refuerza nuestros lazos comunes y ahonda nuestra resolución de promover la unidad de tu Iglesia.

Silencio

Responsorio

Amado Dios, amigo de los pecadores y autor de las buenas nuevas para los pobres, demasiado a menudo nos olvidamos de los necesitados y gozamos de nuestra libertad a expensas de los otros. Perdona nuestro orgullo, nuestra arrogancia y nuestro deseo de dominar. Funde la dureza de nuestros corazones y ayúdanos a amar a nuestro prójimo y al forastero.

Silencio

Responsorio

Dios redentor, danos la gracia de enderezar nuestros caminos para que caminemos en una vida nueva, por Jesucristo nuestro Señor.

Palabra de perdón

Cristo se dio a sí mismo por nuestros pecados.
Os invito a dirigiros a la persona que está a vuestro lado, diciéndole:
"Que Jesucristo te dé gracia y paz."

11 ● Through our baptism we live by faith that Christ now lives in us. We confess our failure to live in a manner worthy of Christ and of our calling. Therefore we call to you, our God:

What has happened to us? Where did we go astray?

Silence

In baptism you make us members of the body of Christ and call us into communion. We confess that we are hesitant to recognize each other's expressions of baptism; we are often reluctant to practise the measure of agreement we have already achieved; we remain satisfied to live in division. Therefore we cry to you, our God:

What has happened to us? Where did we go astray?

Silence

Gracious God, have mercy upon us, forgive us our sins and transform us so that we may live united in your love; through our Saviour, Jesus Christ.

Amen.

● Durch unsere Taufe leben wir im Glauben, dass Jesus Christus jetzt in uns lebt. Wir bekennen unser Versagen, auf eine Weise zu leben, die Christi und unserer Berufung würdig ist.
Deshalb wenden wir uns an dich, unseren Gott:

Was ist mit uns geschehen? Wo sind wir vom rechten Weg abgekommen?

Stille

Prayers of confession / Bekenntnisse

In der Taufe machst du uns zu Gliedern des Leibes Christi und rufst uns in die Gemeinschaft. Wir bekennen, dass wir zögern, die Taufe der anderen anzuerkennen; es widerstrebt uns oft, das Mass der Übereinstimmung, die wir bereits erzielt haben, zu praktizieren; wir geben uns damit zufrieden, getrennt zu leben. Deshalb schreien wir zu dir, unserem Gott:

Was ist mit uns geschehen? Wo sind wir vom rechten Weg abgekommen?

Stille

Barmherziger Gott, sei uns gnädig, vergib uns unsere Sünden und verändere uns, damit wir vereint in deiner Liebe leben können durch unseren Retter Jesus Christus.

Amen.

■ Par notre baptême, nous vivons dans la foi que le Christ vit maintenant en nous. Nous confessons que nous ne vivons pas d'une manière digne du Christ et de notre vocation.
C'est pourquoi nous t'invoquons, O Dieu.

Que nous est-il arrivé? Où nous sommes-nous égarés?

Silence

Par le baptême tu fais de nous des membres du corps du Christ et tu nous appelles à entrer en communion. Nous confessons que nous hésitons à reconnaître nos formes respectives du baptême; nous nous montrons souvent réticents à mettre en pratique le degré d'accord auquel nous sommes déjà parvenus; nous nous satisfaisons de demeurer divisés.
C'est pourquoi nous t'invoquons, notre Dieu.

Que nous est-il arrivé? Où nous sommes-nous égarés?

Silence

Dieu de miséricorde, aie pitié de nous, pardonne-nous nos péchés et change-nous afin que nous vivions unis dans ton amour, par notre Sauveur, Jésus Christ.

Amen.

■ Mediante el bautismo vivimos por la fe de que Cristo vive ahora en nosotros. Confesamos que hemos fracasado al tratar de vivir una vida digna de Cristo y de nuestra vocación. Por ello te invocamos, Señor.

¿Qué nos ha pasado? ¿Dónde nos hemos descarriado?

Silencio

En el bautismo nos hiciste miembros del cuerpo de Cristo y nos invitaste a participar en la comunión. Confesamos que aún vacilamos en reconocer las expresiones del bautismo de unos y otros; a menudo nos resistimos a poner en práctica los acuerdos a los que hemos llegado; nos contentamos con vivir en la división. Así pues, te invocamos, Señor.

¿Qué nos ha pasado? ¿Dónde nos hemos descarriado?

Silencio

Dios misericordioso, ten piedad de nosotros, perdona nuestros pecados y haz que podamos vivir unidos en tu amor; por Jesucristo, nuestro Salvador,

Amén.

12

● Jesus, our judge, you came to call sinners to repentance,

Response Ch'iu Chu lienmin women   **first line # 37**

Silence

Jesus, our helpmeet, sent to heal those who are burdened in soul,

Response Ch'iu Chitu lienmin women   **second line # 37**

Silence

Jesus, our high priest, you intercede for us in the hour of need,

Response Ch'iu Chu lienmin women   **third line # 37**

Silence

God is our light and salvation. Be strong and let your heart take courage.

Hallelujah   **# 40**

● Jesus, unser Richter, du kamst, um die Sünder zur Busse zu rufen.

Antwortgesang Ch'iu Chu lienmin women   **erste Zeile # 37**

Stille

Jesus, unser Gefährte, gesandt, um diejenigen zu heilen, deren Seelen belastet sind.

Antwortgesang Ch'iu Chitu lienmin women   **zweite Zeile** # 37

Stille

Jesus, unser Hoherpriester, du setzt dich für uns in der Stunde unserer Not ein.

Antwortgesang Ch'iu Chu lienmin women   **dritte Zeile** # 37

Stille

Gott ist unser Licht und unser Heil. Sei stark und lass dein Herz mutig sein.

Hallelujah   # 40

■ Jésus, notre juge, tu es venu appeler les pécheurs à la repentance.

Répons Ch'iu Chu lienmin women   **Première ligne** # 37

Silence

Jésus, notre compagnon, envoyé pour la guérison de ceux dont l'âme est chargée de lourds fardeaux.

Répons Ch'iu Chitu lienmin women   **Deuxième ligne** # 37

Silence

Jésus, notre grand prêtre, tu intercèdes pour nous à l'heure de la détresse.

Répons Ch'iu Chu lienmin women   **Troisième ligne** # 37

Silence

Dieu est notre lumière et notre salut. Soyez forts et que votre coeur prenne courage.

Hallelujah   # 40

■ Jesús, nuestro juez, tú llamaste al arrepentimiento a los pecadores,

Responsorio Ch'iu Chu lienmin women   **primera linea # 37**

Silencio

Jesús, nuestra ayuda, envía quien descargue nuestras almas del peso que las abruma,

Responsorio Ch'iu Chitu lienmin women   **segunda linea # 37**

Silencio

Jesús, sumo sacerdote, tú intercedes por nosotros en la hora de la necesidad,

Responsorio Ch'iu Chu lienmin women   **tercera linea # 37**

Silencio

Dios es nuestra luz y nuestra salvación. Sed fuertes y no dejéis que vuestro corazón desfallezca.

Hallelujah   # 40

13   ● Beware that you are not led astray; for many will come in my name and say, "I am he!" and, "The time is near!" Do not go after them.
Luke 21:8

Silent prayer

Response Tell us, Lord, what has happened to us   # 38

Oh my people, how often have I desired to gather your children together as a hen gathers her brood under her wings, and you were not willing!
Matt. 23:37

Silent prayer

Response

Woe to you when you load people with burdens hard to bear, and you yourselves do not lift a finger to ease them. Woe to you when you lock people out of the kingdom of heaven. You do not go in yourselves, and when others are going in, you stop them.   *Matt 23:4,13*

Silent prayer

Response

Prayers of confession / Bekenntnisse

I appeal to you, sisters and brothers by the name of our Lord Jesus Christ, that all of you be in agreement and that there be no division among you, but that you be united in the same mind and the same purpose.
I Cor. 1:10

Silent prayer

Response

Silent prayer

Words of forgiveness

May the God of peace sanctify you entirely,
and may your spirit and soul and body be kept sound and blameless.
The one who calls you is faithful and will do this.

To God be the glory for ever and ever. Amen.

● Er aber sprach: Seht zu, lasst euch nicht verführen.
Denn viele werden kommen unter meinem Namen und sagen:
Ich bin's, und: Die Zeit ist herbeigekommen. – Folgt ihnen nicht nach!
Lk 21,8

Stilles Gebet

Antwort Sag uns, Jesus, was mit uns geschehen ist # 38

O mein Volk, wie oft habe ich deine Kinder versammeln wollen, wie eine Henne ihre Küken versammelt unter ihre Flügel; und ihr habt nicht gewollt!
Matt 23,37

Stilles Gebet

Antwort

Weh euch, wenn ihr Menschen Lasten aufbürdet, die schwer zu tragen sind, und ihr selber keinen Finger rührt, ihnen zu helfen. Weh euch, wenn ihr das Himmelreich vor Menschen verschliesst. Ihr geht nicht hinein, und die hinein wollen, lasst ihr nicht hineingehen.
Matt 23,4.13

Stilles Gebet

Antwort

Ich ermahne euch aber, liebe Brüder (und Schwestern), im Namen unseres Herrn Jesus Christus, dass ihr alle mit einer Stimme redet und lasst keine Spaltungen unter euch sein, sondern haltet aneinander fest in einem Sinn und in einer Meinung.
1 Kor 1,10

Stilles Gebet

Antwort

Stilles Gebet

Zuspruch der Vergebung

Möge der Gott des Friedens euch heiligen
und möge euer Geist, eure Seele und euer Leib gesund
und ohne Schaden sein.
Der, der euch ruft, ist treu und wird dafür Sorge tragen.

Ehre sei Gott – von Ewigkeit zu Ewigkeit, Amen.

■ Prenez garde à ne pas vous laisser égarer, car beaucoup viendront en prenant mon nom; ils diront: "C'est moi" et "Le moment est arrivé."
Lc 21.8

Prière silencieuse

Répons Dis-nous, Seigneur, ce qui nous est arrivé   # 38

O mon peuple, que de fois j'ai voulu rassembler tes enfants comme une poule rassemble ses poussins sous ses ailes, et vous n'avez pas voulu!
Mt 23.37

Prière silencieuse

Répons

Malheureux êtes-vous, vous qui liez de pesants fardeaux et qui les mettez sur les épaules des hommes, alors que vous-mêmes vous refusez à les remuer du doigt. Malheureux êtes-vous, vous qui fermez devant les hommes l'entrée du Royaume des cieux! Vous-mêmes en effet n'y entrez pas, et vous ne laissez pas entrer ceux qui le voudraient!
Mt 23.4, 13

Prière silencieuse

Répons

Je vous exhorte, frères, au nom de notre Seigneur Jésus Christ: soyez tous d'accord, et qu'il n'y ait pas de divisions parmi vous; soyez bien unis dans un même esprit et dans une même pensée.   *1 Co 1:10*

Prière silencieuse

Répons

Prière silencieuse

Parole de pardon

Que le Dieu de paix lui-même vous sanctifie totalement, et que votre esprit, votre âme et votre corps soient parfaitement gardés pour être irréprochables. Celui qui vous appelle est fidèle, c'est lui qui agira.

A Dieu soit la gloire aux siècles des siècles. Amen.

■ Tened cuidado y no os dejéis engañar. Porque vendrán muchos haciéndose pasar por mí, y diciendo: "Yo soy" y "Ahora es el momento", pero no los sigáis. *Lc. 21:8*

Oración en silencio

Responsorio Dinos, Jesús, ¿qué nos ha pasado? # 38

¡Pueblo mío, cuántas veces quise reunir a tus hijos como la gallina reúne a sus pollitos bajo las alas, pero no quisisteis! *Mt. 23:37*

Oración en silencio

Responsorio

¡Ay de vosotros que atáis cargas pesadas, imposibles de soportar, y las echáis sobre los hombros de los demás, en tanto que vosotros mismos no queréis tocarlas ni siquiera con un dedo! ¡Ay de vosotros que cerráis a todos la puerta del reino de Dios. Ni entráis vosotros, ni dejáis entrar a los que quisieran hacerlo. *Mt. 23: 4 y 13*

Oración en silencio

Responsorio

Hermanos y hermanas, en el nombre de nuestro Señor Jesucristo os ruego que os pongáis de acuerdo y no estéis divididos. Vivid en armonía, pensando y sintiendo de la misma manera. *1 Cor. 1:10*

Oración en silencio

Responsorio

Oración en silencio

Palabra de perdón

Que el Dios de paz os santifique plenamente
y que vuestro espíritu, vuestra alma y vuestro cuerpo permanezcan
sanos y libres de culpa.
Quien os llama es fiel y no dejará de hacerlo.

A Dios sea la gloria para siempre jamás. Amén.

Prayers for unity
Gebete für die Einheit
Prières pour l'unité
Oraciones por la unidad

14 ● Prayer for an ecumenical organization

Almighty God, we offer our prayers
for [here name the ecumenical organization or movement for which you
    wish to pray],
earthen vessel, fragile, flawed, incomplete...
yet with a vision of unity.

We struggle to become all we could be.
We pray for the gift of love
that we may trust and care for one another.
We pray for the gift of patience
that we may hear and respond to each other.
We pray for the gift of courage
that we may be bold in our work and witness.
We pray for the gift of humility
that we may accept what cannot be changed.
We pray for the gift of grace
that we may rejoice in our shared humanity.
We pray for the gift of faith
that we might believe we will be one.

We pray that you will hold the ecumenical movement
in your care
and make us wholly yours.

Amen.

● Gebet für eine ökumenische Organisation

Allmächtiger Gott, wir beten
    für [nennen Sie die ökumenische Organisation oder Bewegung,
    für die Sie beten wollen],
irdenes Gefäss, zerbrechlich, fehlerhaft, unvollständig...
und doch eine Vision der Einheit.

Wir ringen darum, alles zu werden, was wir sein könnten.
Wir beten um das Geschenk der Liebe,

damit wir einander vertrauen und füreinander da sein können.
Wir beten um das Geschenk der Geduld,
damit wir aufeinander hören und einander antworten.
Wir beten um das Geschenk des Mutes,
damit wir kühn sind in unserem Werk und Zeugnis.
Wir beten um das Geschenk der Demut,
damit wir hinnehmen, was wir nicht ändern können.
Wir beten um das Geschenk der Gnade,
damit wir uns freuen über unser gemeinsames Menschsein.
Wir beten um das Geschenk des Glaubens,
damit wir glauben, dass wir eins sein werden.

Wir beten darum, dass du die ökumenische Bewegung
in deiner Obhut behältst
und uns ganz zu deinem Eigentum machst.

Amen.

■ Prière pour une organisation oecuménique

Dieu tout puissant, nous te prions
    pour [nommez ici l'organisation oecuménique ou le mouvement
    pour lesquels vous voulez prier],
vase de terre, fragile, défectueux, incomplet...
mais ayant pourtant la vision de l'unité.

Nous luttons pour devenir tout ce que nous pourrions être.
Nous prions pour le don de l'amour,
afin de nous faire mutuellement confiance et d'avoir le souci
    les uns des autres.
Nous prions pour le don de la patience,
afin de nous entendre et de nous répondre les uns aux autres.
Nous prions pour le don du courage,
afin d'être audacieux dans notre travail et dans notre témoignage.
Nous prions pour le don de l'humilité,
afin d'accepter ce qui ne peut être changé.
Nous prions pour le don de la grâce,
afin de nous réjouir de notre commune humanité.
Nous prions pour le don de la foi,
afin de croire que nous deviendrons un.

Nous prions pour que tu veilles sur le mouvement oecuménique
et que tu nous rendes pleinement tiens.

Amen.

■ Oración por una organización ecuménica

Dios Todopoderoso, elevamos a ti nuestras oraciones
    en favor de [aquí vendrá el nombre de la organización
    o movimiento ecuménico por el que deseemos orar],
frágil, resquebrajada e incompleta vasija de barro...
que aun así mantiene una visión de unidad.

Nos esforzamos por llegar a la plenitud de vida
Oramos para que nos sea concedido el don del amor,
para que confiemos y nos preocupemos por el prójimo.
Oramos para que nos sea concedido el don de la paciencia,
para que oigamos y respondamos al prójimo.
Oramos para que nos sea concedido el don de la templanza,
para que seamos valerosos en nuestra labor y testimonio.
Oramos para que nos sea concedido el don de la humildad,
para que aceptemos lo que no puede ser cambiado.
Oramos para que nos sea concedido el don de la gracia,
para que nos regocijemos en nuestra común humanidad.
Oramos para que nos sea concedido el don de la fe,
para que creamos que todos seremos uno.

Oramos para que tengas el movimiento ecuménico en tu seno,
y nos hagas plenamente tuyos.

Amén.

15 ● O God,
by the power of your Holy Spirit,
set our hearts on fire with a new love for Christ;
that we may work with others to shape the world more nearly
    to his will;
that we may labour and long for the unity for which Christ prayed;
that we may be stirred to pray and work for the furtherance of your
    kingdom,
and that it may be acknowledged with joy to the ends of the earth.
We ask it in his name.

Amen.

● Gott,
durch die Kraft deines Heiligen Geistes
lass unsere Herzen in neuer Liebe zu Christus entbrennen;
damit wir unsere Kräfte zusammen mit anderen dafür einspannen,
    dass die Welt seinem Heilsplan näher kommt;
damit wir uns für die Einheit, für die Christus betete,

einsetzen und uns nach ihr sehnen;
damit wir uns gedrängt fühlen, für das Vorankommen
    deines Reiches zu beten und zu arbeiten,
und damit es mit Freuden bis an die Enden der Erde
    aufgenommen werden kann.
Wir bitten in seinem Namen.

Amen.

■ O Dieu,
par la puissance de ton Saint Esprit,
enflamme nos coeurs d'un amour nouveau pour le Christ,
afin qu'avec d'autres nous travaillions à rendre le monde
    plus conforme à sa volonté;
afin que nous poursuivions avec ardeur l'unité pour laquelle
    le Christ a prié;
afin que nous soyons stimulés à prier et à oeuvrer
    pour l'avancement de ton règne,
et que celui-ci soit reconnu avec joie jusqu'aux extrémités
    de la terre.
Nous te le demandons en son nom.

Amen.

■ Oh Dios,
haz que por el poder de tu Espíritu Santo,
se inflamen nuestros corazones en la llama de un nuevo amor a Cristo;
para que trabajemos con nuestros prójimos por un mundo
    más acorde con su voluntad;
para que trabajemos y anhelemos la unidad por la que Cristo oró;
para que sintamos el deseo de orar y trabajar por la venida de tu reino
y para que sea acogido con gozo en todos los confines de la tierra.
Te lo pedimos en su nombre.

Amén.

16 ● Our Father, we pray that the church may be one in Christ,
a true fellowship of the cloud of witnesses
and of all those who now love and serve our Lord Jesus Christ.
May the churches be conscious of their oneness in you.
and speak the word of healing to this troubled world.
For the sake of Jesus Christ.

Amen.

● Unser Vater, wir beten darum,
dass die Kirche in Christus eins sein möge,
eine wahre Gemeinschaft der Wolke von Zeugen
und all derer, die unseren Herrn Jesus Christus
heute lieben und ihm dienen.
Mögen sich die Kirchen bewußt sein, daß sie eins sind in dir
und dieser friedlosen Welt das heilende Wort verkündigen,
um Jesu Christi willen.

Amen.

■ Notre Père, nous prions pour que l'Eglise soit une en Christ,
vraie communauté rassemblant la nuée des témoins
et tous ceux qui maintenant aiment et servent notre
Seigneur Jésus Christ.
Puissent les Eglises être conscientes de leur unité en toi
et apporter la parole de la guérison à ce monde tourmenté.
Pour l'amour de Jésus Christ.

Amen.

■ Padre nuestro, oramos para que la Iglesia sea una en Cristo,
una verdadera comunidad de la nube de testigos
y de todos los que ya aman y sirven a Jesucristo nuestro Señor.
Que las iglesias adquieran conciencia de su unidad en ti
y pronuncien la palabra de redención de este mundo enfermo.
Por Jesucristo nuestro Señor.

Amén

17 ● Lord Jesus Christ, you are the way of peace.
Come into the brokenness of our lives and our land
    with your healing love.
Help us to be willing to bow before you in true repentance
    and to bow to one another in real forgiveness.
By the fire of your Holy Spirit, melt our hard hearts
    and consume the pride and prejudice which separate us.
Fill us, O Lord, with your perfect love which casts out fear
    and bind us together in that unity
    which you share with the Father and Holy Spirit.

Amen.

● Herr Jesus Christus, du bist der Weg des Friedens.
Komm und bring deine heilende Liebe in die Gebrochenheit
　　unseres Lebens und in unser geteiltes Land.
Lass uns bereit sein, unser Haupt vor dir in wahrer Reue
　　und voreinander in echter Vergebung zu beugen.
Sende das Feuer deines Heiligen Geistes, damit es unsere harten
　　Herzen erweicht und Stolz und Vorurteil verbrennt,
　　die uns voneinander trennen.
Erfülle uns, Herr, mit deiner vollkommenen Liebe,
welche die Angst vertreibt und uns in jener Einheit miteinander
　　verbindet, die du mit dem Vater und dem Heiligen Geist teilst.

Amen.

■ Seigneur Jésus Christ, tu es le chemin de la paix.
Répare les déchirures dans nos vies et notre pays de ton amour
　　qui guérit.
Donne-nous la volonté de nous incliner devant toi
dans une vraie repentance, et de nous incliner les uns devant les autres
dans un vrai pardon.
Par le feu de ton Saint Esprit, fais fondre la dureté de nos coeurs et
　　consume l'orgueil et les préjugés qui nous séparent.
Emplis nous, Seigneur, de ton parfait amour qui chasse nos craintes et
　　nous lie les uns aux autres dans l'unité même que tu partages
　　avec le Père et le Saint Esprit.

Amen.

■ Jesucristo, Señor nuestro, tú eres el camino de la paz.
Ven a unir nuestras vidas quebrantadas y nuestra tierra con amor
　　redentor.
Danos voluntad de inclinarnos ante ti con verdadero arrepentimiento,
　　para que nos inclinemos unos ante otros con auténtica voluntad de
　　perdón.
Que la llama de tu Santo Espíritu funda nuestros corazones endurecidos
　　y consuma el orgullo y prejuicio que nos separa.
Cólmanos Señor de tu amor perfecto que disipa nuestro temores y
　　nos agrupa en esa unidad que tú compartes
　　con el Padre y el Espíritu Santo.

Amén.

18　● Lord, our God, creator of heaven and earth,
we thank you and praise you for your love,
for your wisdom, for your kindness and mercy.

Make us instruments of love, peace, unity and harmony between
   people independently of race, colour and creed.

Grant us to respect all of your creation and to look at one another
   and at all your creatures as brothers and sisters.

Help us to serve one another in humility, simplicity and joy.

Take away from the heart of people the spirit of hatred,
   violence and rivalry.

Amen.

● Herr, unser Gott, Schöpfer des Himmels und der Erde,
wir danken dir und preisen dich für deine Liebe,
für deine Weisheit, deine Güte und deine Gnade.

Mach uns zu Werkzeugen der Liebe, des Friedens,
   der Einheit und der Eintracht zwischen Menschen,
   unabhängig von Rasse, Hautfarbe und Glaubensbekenntnis.

Lass uns deine ganze Schöpfung achten und einander
   und alle deine Geschöpfe als Brüder und Schwestern ansehen.

Hilf uns, damit wir einander demütig, ohne grosses Aufheben
   und freudig dienen.

Befreie die Herzen der Menschen vom Geist des Hasses, der Gewalt
   und der Rivalität.

Amen.

■ Seigneur notre Dieu, créateur du ciel et de la terre,
nous te remercions et te louons pour ton amour,
ta sagesse, ta bonté et ta miséricorde.

Fais de nous des instruments d'amour, de paix, d'unité et d'harmonie
   entre les humains quelles que soient leur race,
   leur couleur et leur croyance.

Donne-nous de respecter toute ta création et de nous considérer
   les uns les autres, ainsi que toutes tes créatures,
   comme des frères et des soeurs.

Aide nous à être au service les uns des autres dans l'humilité,
   la simplicité et la joie.

Extirpe du coeur des humains l'esprit de haine, de violence et
   de rivalité.

Amen.

■ Dios nuestro Señor, creador del cielo y de la tierra,
te alabamos y damos las gracias por tu amor,
tu sabiduría, tu bondad y misericordia.

Haznos instrumentos de amor, paz unidad y armonía entre las gentes,
   sea cual fuere su raza, color y credo.

Haz que respetemos tu entera creación y nos miremos unos a otros
   y a todas tus criaturas como hermanas y hermanos.

Ayúdanos a servir al prójimo con toda humildad,
   simplicidad y gozo.

Aparta de nuestros corazones el ánimo de odio,
   violencia y rivalidad.

Amén.

19   ● Grant, O Lord, that your Holy and life-giving Spirit
may so move every human heart,
that barriers which divide us may crumble,
suspicions disappear and hatred cease;
that, our divisions being healed,
we may live in justice and peace, through Jesus Christ our Lord.

Amen.

● Gib, Herr, dass dein heiliger und lebenspendender Geist
jedes Menschenherz so bewegt,
dass die uns trennenden Schranken einstürzen,
dass Misstrauen verschwindet und der Hass aufhört;
dass wir, wenn unsere Trennungen geheilt sind,
in Frieden und Gerechtigkeit leben können,
durch Jesus Christus, unseren Herrn.

Amen.

■ Veuille, O Seigneur, que ton Esprit Saint, source de vie,
touche le coeur de chacun,

en sorte que les barrières qui nous divisent s'effondrent,
que les méfiances disparaissent et que cesse la haine,
et que, nos divisions guéries,
nous vivions dans la justice et dans la paix,
par Jésus Christ, notre Seigneur.

Amen.

■ Haz, Señor, que tu Santo Espíritu dador de vida
mueva nuestros humanos corazones
para que se derrumben las barreras que nos dividen,
desaparezca la suspicacia, cese el odio
y se cure el mal de nuestras divisiones
para que vivamos en un mundo de paz y justicia,
por Jesucristo nuestro Señor.

Amén.

20 ● God of all nations,
we thank you for creating us with love in your own image.
You are united with your Son in the Holy Spirit in perfect unity.
We ask you to unite also all peoples and churches
in order to bring about your kingdom in this world.

Song Ewe: Ghana   # 40

● Gott aller Nationen,
wir danken dir, dass du uns in Liebe zu deinem Bild erschaffen hast.
Mit deinem Sohn bist du im Heiligen Geist
in vollkommener Einheit vereint.
Wir bitten dich, vereine auch alle Völker und Kirchen,
damit dein Reich in diese Welt komme.

Lied Ewe: Ghana   # 40

■ Dieu de toutes les nations,
nous te remercions de nous avoir créés avec amour à ton image.
Nous sommes unis à ton Fils, dans le Saint Esprit, en une
    parfaite unité.
Nous te demandons d'unir de même tous les peuples
    et toutes les Eglises,
afin qu'advienne ton règne dans ce monde.

Chant Ewe: Ghana   # 40

▧ Dios de todas las naciones,
te damos las gracias por habernos creado con amor
 a tu imagen y semejanza.
A Ti que estás unido con tu Hijo en el Espíritu Santo
 en una unidad perfecta,
te pedimos que unas también a todas las gentes e iglesias
para que llegue a este mundo tu reino.

Cántico Ewe: Ghana   # 40

21 ● O Lord Jesus,
stretch forth your wounded hands
in blessing over your people,
to heal and to restore,
and to draw them to yourself
and to one another in love.

Amen.

● Herr Jesus,
strecke deine verwundeten Hände aus
und segne dein Volk,
heile und erneuere es,
und zieh alle hin zu dir
und zueinander in Liebe.

Amen.

■ Seigneur Jésus,
étends tes mains blessées pour répandre
ta bénédiction sur ton peuple,
pour guérir et restaurer,
pour attirer les tiens à toi
et les rapprocher les uns
des autres dans l'amour.

Amen.

▧ Oh Señor Jesús,
extiende tus manos heridas
para bendecir a tu pueblo,
para curarlo y restaurarlo;
llévalo hacia ti y haz que
le una el amor mutuo.

Amén.

Prayers for unity / Gebete für die Einheit

22 ● O God, forgive us for bringing this stumbling block of disunity
to a people who want to belong to one family.
The church for which our Saviour died is broken,
and people can scarcely believe that we hold one faith
and follow one Lord.
O Lord, bring about the unity which you have promised,
not tomorrow or the next day, but today.

Amen.

● Gott, vergib uns, dass wir diesen Stein des Anstosses,
unsere Uneinigkeit,
über ein Volk bringen, das eine einzige Familie sein will.
Die Kirche, für die unser Heiland gestorben ist,
ist auseinandergebrochen,
und die Menschen können nur schwer glauben, dass wir einen
einzigen Glauben haben und einem einzigen Herrn nachfolgen.
Herr, vollbringe die Einheit, die du verheissen hast,
nicht morgen oder übermorgen, sondern heute.

Amen.

■ O Dieu, pardonne-nous d'apporter la désunion à un peuple
qui veut ne faire qu'une seule famille.
L'Eglise pour laquelle notre Sauveur est mort est divisée,
et l'on a du mal à croire que nous proclamons la même foi
et suivons le même Seigneur.
Seigneur, donne-nous l'unité que tu as promise
non pas demain ou après demain, mais aujourd'hui.

Amen.

■ Oh Dios, perdónanos por haber aportado el obstáculo
de la desunión a un pueblo que quiere pertenecer a
una misma familia.
La Iglesia por la cual nuestro Salvador murió está dividida
y apenas podemos creer que proclamamos la misma fe
y seguimos al mismo Señor.
Oh Señor, danos la unidad que nos has prometido,
dánosla hoy, sin esparar a mañana.

Amén.

Prières pour l'unité / Oraciones por la unidad

23 ● Lord Jesus, we pray for the church
  which is one in the greatness of your love,
  but divided in the littleness of our own.
May we be less occupied with the things which divide us,
  and more with the things we hold in common.

Amen.

● Herr Jesus, wir beten für die Kirche,
  die in der Grösse deiner Liebe eins ist,
  in der Kleinheit der unseren jedoch getrennt.
Mach, dass wir uns weniger mit den Dingen beschäftigen,
  die uns trennen, und mehr mit denen, die wir gemeinsam haben.

Amen.

■ Seigneur Jésus, nous prions pour l'Eglise
  qui est une dans la grandeur de ton amour
  mais divisée dans la petitesse du nôtre.
Puissions–nous être moins préoccupés de
  ce qui nous divise, et davantage de ce qui nous est commun.

Amen.

■ Jesús, nuestro Señor, oramos para que la Iglesia
  sea una en la inmensidad de tu amor,
  pues ahora está dividida a causa de nuestra insignificancia.
Ocupémonos menos de lo que nos divide,
  ocupémonos más de lo que nos une.

Amén.

24 ● O God, who art the unsearchable abyss of peace,
the ineffable sea of love, the fountain of blessings
and the bestower of affection,
who sendest peace to those that receive it;
Open to us this day the sea of thy love
and water us with plenteous streams
from the riches of thy grace
and from the most sweet springs of thy kindness.
Make us children of quietness and heirs of peace;
enkindle in us the fire of thy love;
sow in us thy fear;
strengthen our weakness by thy power;
bind us closely to thee and to each other
in our firm and indissoluble bond of unity.

Amen.

● Gott, du unergründliche Unendlichkeit des Friedens,
du unbeschreibliches Meer der Liebe, Quelle allen Segens
und Spender aller Zuneigung,
der Frieden schenkt denen, die ihn empfangen;
öffne uns heute das Meer deiner Liebe
und lass über uns strömen
den reichen Fluss deiner unermesslichen Gnade
und die Wasser aus der süssen Quelle deiner Güte.
Mach uns zu Kindern der Stille und zu Erben des Friedens,
entfache in uns das Feuer deiner Liebe;
lehre uns, dich zu fürchten;
stärke uns in unserer Schwäche aus deiner Kraft;
binde uns eng an dich und aneinander
mit dem festen und untrennbaren Band der Einheit.

Amen.

■ O Dieu, toi l'insondable profondeur de la paix,
l'ineffable océan de l'amour, la source des bénédictions
et le dispensateur de l'affection,
qui envoies la paix sur ceux qui la reçoivent,
ouvre pour nous aujourd'hui l'océan de ton amour
et irrigue-nous d'abondants courants
issus de la richesse de ta grâce
et des sources les plus douces de ta bonté.
Fais de nous des enfants de la sérénité
et des héritiers de la paix,
embrase-nous du feu de ton amour;
mets en nous ta crainte;
dans notre faiblesse, rends-nous forts de ta force;
unis-nous étroitement à toi et les uns aux autres
dans le lien fort et indissoluble de l'unité.

Amen.

■ Oh Señor, fuente inagotable de paz,
mar infinito de amor, manantial de bendición
y de afecto,
que envías la paz a los que desean recibirla;
Abrenos hoy el mar de tu amor,
inúndanos con las olas
enriquecedoras de tu gracia
y los ríos dulcísimos de tu bondad.
Haznos hijos de la calma y herederos de la paz,
aviva en nosotros la llama de tu amor;
Infunde en nosotros el temor de ofenderte;

que por tu poder superemos nuestras flaquezas;
únenos más estrechamente a ti y con el prójimo
en nuestro lazo firme e indisoluble de la unidad.

Amén.

25 ● O God, we pray that you will keep together those you have united.
Look kindly on all who follow Jesus, your Son,
and who are consecrated to you in a common baptism.
Make us one in the fullness of faith,
and keep us in the fellowship of justice, peace and love.

Amen.

● Gott, wir beten darum, dass du zusammenhältst, die du vereint hast.
Sei gnädig allen, die deinem Sohn Jesus folgen
und dir in einer gemeinsamen Taufe geweiht sind.
Mach uns eins in der Fülle des Glaubens und bewahre uns
in der Gemeinschaft der Gerechtigkeit, des Friedens und der Liebe.

Amen.

■ O Dieu, nous te prions de garder ensemble ceux que tu as unis.
Regarde avec bonté tous ceux qui suivent Jésus ton Fils,
et qui te sont consacrés par un même baptême.
Rends-nous un dans la plénitude de la foi,
et garde-nous dans la communauté de la justice, de la paix et de l'amour.

Amen.

■ Señor, te pedimos que mantengas junto lo que has unido.
Mira con misericorida a todos los que siguen a Jesús, tu Hijo,
y que se han consagrado a ti en un bautismo común.
Haznos uno en la plenitud de la fe y mantennos
en la comunidad de justicia, paz y amor.

Amén.

26 ● Lord Jesus Christ,
grant us your patience and humility;
forgive our intolerance
which disparages the faith of others;
weave within us a love for all your people,

that, clothed in a righteousness not our own,
we may have a common care for the unity of all for whom you suffered;
for the kingdom, the glory and power are yours, now and for ever.

Amen.

● Herr Jesus Christus,
schenke uns deine Geduld und Demütigkeit;
vergib uns unsere Intoleranz,
die den Glauben anderer herabsetzt;
webe in uns eine Liebe, die deinem ganzen Volk gilt,
damit wir im Gewand einer Gerechtigkeit,
    die nicht die unsere ist,
gemeinsam Sorge tragen für die Einheit aller,
    für die du gelitten hast,
denn das Reich, die Herrlichkeit und die Kraft sind dein,
jetzt und immerdar.

Amen.

■ Seigneur Jésus Christ,
donne-nous ta patience et ton humilité;
pardonne notre intolérance
qui discrédite la foi d'autres êtres;
tisse en nous l'amour pour tous les tiens,
afin que revêtus d'une justice qui ne nous appartient pas,
nous ayons une commune préoccupation de l'unité de tous ceux
    pour lesquels tu as souffert,
car c'est à toi qu'appartiennent le règne, la gloire et la puissance,
    aux siècles des siècles.

Amen.

■ Jesucristo, Señor nuestro,
confiérenos tu paciencia y humildad;
perdona nuestra intolerancia,
que tiene en menos la fe de los otros;
teje en nosotros un manto de amor por todo tu pueblo,
para que, abrigados en una justicia que no merecemos,
anhelemos juntos la unidad de todos por los que sufriste,
porque tuyo es el reino, el poder y la gloria,
    por los siglos de los siglos.

Amén.

Litanies
Litaneien
Litanies
Letanías

27 ● Your gifts, O Lord, are ours to share:
therefore we pray for others.
For those whose lives of loving faith and service
have led others to work for reconciliation, we pray:

Kyrie eleison

For the sick, the suffering, the captive;
for their safety and salvation, we pray:

Kyrie eleison

For those who are called to proclaim the gospel
and to bear witness in difficult situations, we pray:

Kyrie eleison

For all who live and work around the world in the spirit of faith, love
and hope, we pray:

Kyrie eleison

For the ecumenical movement that it may become a pentecostal sign of
unity and a foretaste of God's coming kingdom, we pray:

Kyrie eleison

● Herr, du hast uns deine Gaben geschenkt,
damit wir sie miteinander teilen: deshalb beten wir für andere.
Für die, deren Leben im liebenden Glauben und Dienst
andere dazu geführt hat, sich für Versöhnung einzusetzen, beten wir:

Kyrie eleison

Für die Kranken, die Leidtragenden, die Gefangenen;
für ihre Sicherheit und Errettung beten wir:

Kyrie eleison

Für die, welche berufen sind, unter schwierigen Umständen
das Evangelium zu verkündigen und Zeugnis abzulegen, beten wir:

Kyrie eleison

Für alle auf der ganzen Welt, welche im Geist von Glaube,
Liebe und Hoffnung leben und arbeiten, beten wir:

Kyrie eleison

Für die ökumenische Bewegung, damit sie zu einem
pfingstlichen Zeichen der Einheit und zu einem Vorgeschmack
von Gottes kommendem Reich wird, beten wir:

Kyrie eleison

■ Tes dons, Seigneur, nous sont faits pour être partagés:
c'est pourquoi nous te prions pour d'autres que nous-mêmes.
Pour ceux dont les vies toutes d'amour, de foi et de service
en ont conduit d'autres à oeuvrer pour la réconciliation, nous te prions:

Kyrie eleison

Pour les malades, les affligés, les prisonniers;
pour leur sécurité et pour leur salut, nous te prions:

Kyrie eleison

Pour ceux qui sont appelés à annoncer l'évangile
et à rendre témoignage dans des situations difficiles, nous te prions:

Kyrie eleison

Pour tous ceux qui partout dans le monde vivent et travaillent
dans un esprit de foi, d'amour et d'espérance, nous te prions:

Kyrie eleison

Pour le mouvement oecuménique, afin qu'il devienne un signe de
l'unité semblable à une pentecôte et une anticipation du
règne de Dieu qui vient, nous te prions:

Kyrie eleison

■ Señor, Tú nos has dado tus dones para compartirlos y,
por eso, te rogamos por el prójimo.

Por aquéllos cuya vida de fe y servicio en el amor condujeron
a otros por el camino de la reconciliación, oramos:

Kyrie eleison

Por los enfermos, los que sufren, los cautivos;
por su seguridad y salvación, oramos:

Kyrie eleison

Por todos los llamados a proclamar el Evangelio
y a dar testimonio en situaciones difíciles, oramos:

Kyrie eleison

Por todos los que en el mundo viven y trabajan con espíritu de fe, amor y esperanza, oramos:

Kyrie eleison

Por el movimiento ecuménico, para que se convierta en una señal
pentecostal de unidad y un anticipo del reino de Dios que ha de venir,
oramos:

Kyrie eleison

28 ● *Jesus Christ, the life of the world, and of all creation,
Forgive our separation, and grant us peace and unity.* # 36

Dear friends, let us love one another, because love comes from God.
Whoever loves is a child of God and knows God.

Response

The peace that Christ gives is to guide you in the decisions you make; for it is to this peace that God has called you together in the one body.

Response

With his own body he broke down the wall that separated them.
By his death on the cross Christ destroyed their enmity.
By means of the cross he united both races into one body.
In union with him you too are being built together with all others
into a place where God lives through his Spirit.

Response

Do your best to preserve the unity which the Spirit gives
> by means of the peace that binds you together.

There is one body, one spirit,
> just as there is one hope to which God has called you.

Response

There is one faith, one baptism;
There is one God,
who is Lord of all, works through all and in all.
Amen.

● *Jesus Christus, Leben der Welt, und der ganzen Schöpfung,* # 36
vergib uns unsere Trennung, gib Frieden uns und Einigkeit.

Ihr Lieben, lasst uns einander liebhaben, denn die Liebe ist von Gott,
und wer liebhat, der ist von Gott geboren und kennt Gott.

Antwort

Der Friede Christi leite euch in euren Entscheidungen;
denn zu diesem Frieden hat Gott euch in einem Leib berufen.

Antwort

Mit seinem eigenen Leib hat er die Mauer niedergerissen, die sie trennte.
Durch seinen Tod am Kreuz hat Christus ihre Feindschaft zunichte
> gemacht.

Durch das Kreuz hat er beide (Juden und Heiden) in einem Leib vereint.
Durch ihn werdet auch ihr mit allen anderen zusammen erbaut zu einer
> Wohnung,
wo Gott durch seinen Geist lebt.

Antwort

Seid fleissig, zu halten die Einigkeit im Geist durch das Band
> des Friedens:
ein Leib und ein Geist, wie ihr auch berufen seid zu einer Hoffnung.

Antwort

Ein Herr, ein Glaube, eine Taufe;
ein Gott, der da ist über allen
und durch alle und in allen.
Amen.

Litanies / Letanías

◼ *Jésus Christ, la vie du monde, vie de toute création,*
pardonne notre séparation, accorde-nous la paix et l'unité. # 36

Mes biens-aimés, aimons-nous les uns les autres, car l'amour vient
de Dieu, et quiconque aime est né de Dieu
et parvient à la connaissance de Dieu.

Répons

La paix que le Christ donne doit vous guider dans vos décisions;
car c'est à cette paix que Dieu vous a tous appelés en un seul corps.

Répons

Dans sa chair, il a détruit le mur de séparation.
Par sa mort sur la croix, le Christ a détruit leur hostilité.
Au moyen de la croix, il a uni les deux races en un seul corps.
C'est en lui que vous aussi, vous êtes ensemble intégrés à la construction
pour devenir une demeure de Dieu par l'Esprit.

Répons

Appliquez-vous à garder l'unité de l'esprit par le lien de la paix.
Il y a un seul corps et un seul Esprit, de même que votre vocation
    vous a appelés à une seule espérance.

Répons

Un seul Seigneur, une seule foi, un seul baptême;
un seul Dieu qui règne sur tous, agit par tous,
et demeure en tous.
Amen.

◼ *Jesucristo, vida del mundo, y de toda la creación,*
perdona nuestra separación y danos paz y unidad. # 36

Queridos amigos, amémosnos unos a otros porque el amor
    viene de Dios.
Quien ama es un hijo de Dios y conoce a Dios.

Responsorio

Que la paz de Cristo os guíe en vuestras decisiones;
porque a esta paz Dios os ha convocado en un cuerpo único.

Responsorio

Pues fue su cuerpo el que derrumbó las murallas que los separaban.
Por su muerte en la cruz, Cristo acabó con su enemistad.
Por la cruz unió las razas en un cuerpo único.
En unión con El, también vosotros os estáis uniendo con los demás
en un lugar en que mora Dios por su Espíritu.

Responsorio

Esforzaos por conservar la unidad que os ha dado el Espíritu
    por la paz que os une a todos.
Pues sólo hay un cuerpo, un espíritu,
    como sólo hay una esperanza, a la que Dios os ha llamado.

Responsorio

Sólo hay una fe, un bautismo;
sólo hay un Dios,
Señor de todo lo creado, que
se manifiesta en todo y a través de sus obras.
Amén.

29 ● The rhythm of community

Lord, we come before you, not alone,
but in the company of one another.

We share our happiness with each other –
and it becomes greater.

We share our troubles with each other –
and they become smaller.

We share one another's griefs and burdens –
and their weight becomes possible to bear.

May we never be too mean to give,
nor too proud to receive.

For in giving and receiving
we learn to love and be loved;
we encounter the meaning of life,
the mystery of existence –

and discover you.

● Der Rhythmus der Gemeinschaft

Herr, wir stehen vor dir, nicht allein,
sondern wir begleiten einander.

*Wir teilen unser Glück miteinander –
und es wird grösser.*

Wir teilen unsere Sorgen miteinander –
und sie werden kleiner.

*Wir tragen einer des anderen Kummer und Last –
und ihr Gewicht wird erträglich.*

Mögen wir nie zu geizig sein, um zu geben,
oder zu stolz, um zu nehmen.

*Denn im Geben wie im Nehmen
lernen wir zu lieben und geliebt zu werden,
finden wir den Sinn des Lebens,
das Geheimnis des Daseins –*

und entdecken dich.

■ Le rythme de la communauté

Seigneur, nous ne nous présentons pas seuls devant toi,
mais en compagnie les uns des autres.

*Nous partageons notre bonheur les uns avec les autres –
et il devient plus grand.*

Nous partageons nos peines les uns avec les autres –
et elles deviennent moins grandes.

*Nous partageons nos chagrins et nos fardeaux –
et leur poids devient supportable.*

Puissions-nous ne jamais être trop mesquins pour donner
ni trop fiers pour recevoir.

*Car c'est en donnant et en recevant
qu'on apprend à aimer et à être aimé;
on y rencontre le sens de la vie,
le mystère de l'existence –*

et on t'y découvre.

■ El ritmo de la comunidad

Señor, no venimos solos a ti
sino en compañía de nuestros prójimos.

Nuestro júbilo es mayor al compartirlo con el prójimo

Nuestras preocupaciones son menores cuando las compartimos
con el prójimo.

Nuestras penas y pesares son soportables
cuando las compartimos con el prójimo

No seamos presa de la codicia para dar
ni de excesivo orgullo para recibir.

Porque al dar y recibir aprendemos a amar
y a ser amados;
descubrimos el significado de la vida,
el misterio de la existencia –

y te descubrimos a ti.

Music Musik
Musique Música

31

Dominique Ombrie: France

Refrain
Sei – gneur, ras - sem - ble - nous dans la paix de ton a - mour.
U - nite us, Lord, in peace and up - hold us with your love.
Im Frie - den mach' uns eins, schenk uns dei - ne Lie - be, Herr!

1. Nos fau - tes nous sé - pa - rent, ta grâ - ce nous u - nit; la
1. Our faults di - vide and hin - der; your grace can make us one; we
1. Es trennt uns uns - re Sün - de, doch dei - ne Gna - de eint. Dein

joie de ta vic - toi - re é - clai - re no - tre nuit.
won - der at your ris - ing, your light is like the sun.
Sieg ist uns - re Freu - de, er - leuch - tet uns - re Nacht.

2. Tu es notre espérance / parmi nos divisions; / plus haut que nos offenses / s'élève ton pardon.

3. Seigneur, vois la misère / des hommes affamés. / Partage à tous nos frères / le pain de l'unité.

4. Heureux le cœur des pauvres / qui cherchent l'unité! / Heureux dans ton royaume / les sœurs retrouvées

5. Fais croître en notre attente / l'amour de ta maison; / l'Esprit dans le silence / fait notre communion.

6. Ta croix est la lumière / qui nous a rassemblés; / O joie de notre terre, / tu nous as rachetés.

7. La mort est engloutie, / nous sommes délivrés: / qu'éclate en nous ta vie, / Seigneur ressuscité!

2. You are our expectation / in loneliness and pain; / your healing and your pardon / are greater than our sin.

3. Lord, look upon the starving / and set the captives free. / Share out among the people / the bread of unity.

4. How happy are the people / who strive to be at one, / who live as sisters, brothers, / who lay their hatred down.

5. O Lord, whose silent spirit / enlightens and endows, / make us in faith receptive / and help us love your house.

6. Your cross will draw together / the round of humankind; / in you shall all the people / their true communion find.

7. Death can no longer hurt us, / triumphant is your word. / Let life now grow and blossom, / O Jesus, risen Lord!

(Fred Kaan)

2. Du, Herr, bist unsre Hoffnung / in der Zerrissenheit. / Wir haben dich beleidigt, / trotzdem verzeihst du uns.

3. Herr, sieh, die Menschen leiden / am Hunger, der sie quält. / Teil aus an unsre Brüder / das Brot der Einigkeit.

4. Preist glücklich alle Armen, / die auf der Suche sind! / Preist glücklich alle Menschen, / die zu Dir heimgekehrt!

5. Laß in uns allen wachsen / die Liebe für dein Reich! / Dein Geist wirkt in der Stille / Gemeinschaft unter uns.

6. Dein Kreuz wirft helle Strahlen, / die haben uns vereint. / O Glück, weil du die Erde / uns wieder lieben lehrst!

7. Der Tod ist jetzt verschlungen, / wir Menschen sind befreit! / Durchdringe unser Leben, / du auferstand'ner Herr!

(Marlies Flesch-Thebesisu)

Music / Musik

32 Frederick B. Morley: USA Gesangbuch der H.W.K. Hofkappelle: Germany

1. O church of God, united to serve one common Lord, proclaim to all one message, with hearts in glad accord. Christ ever goes before us; we follow day by day with strong and eager footsteps a-
2. From every land and nation the ordered ranks appear; to serve one valiant leader they come from far and near. They chant their one confession, they praise one living Lord, and place their sure dependence up-
3. Though creeds and tongues may differ, they speak, O Christ, of thee; and in thy loving spirit we shall one people be. Lord, may our faithful service and singleness of aim proclaim to all the power of
4. May thy great prayer be answered that we may all be one, close bound, by love united in thee, God's blessed Son: to bring a single witness, to make the pathway bright, that souls which grope in darkness may

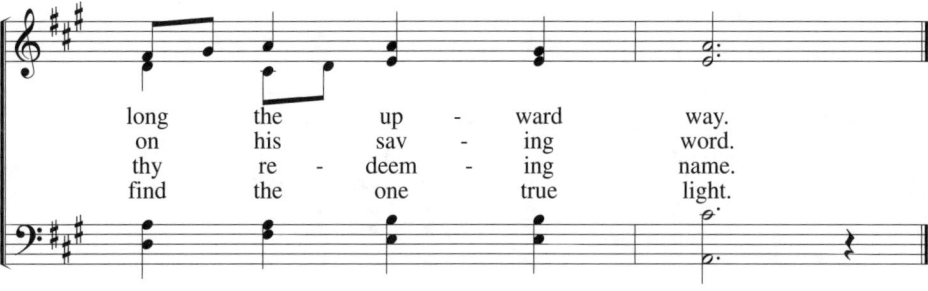

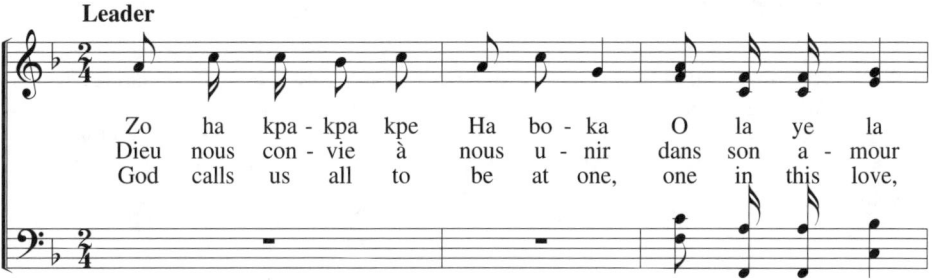

Jacques Seka: Ivory Coast **33**

Music / Musik

34 Prayer to the Holy Spirit — Russia

Musique / Música

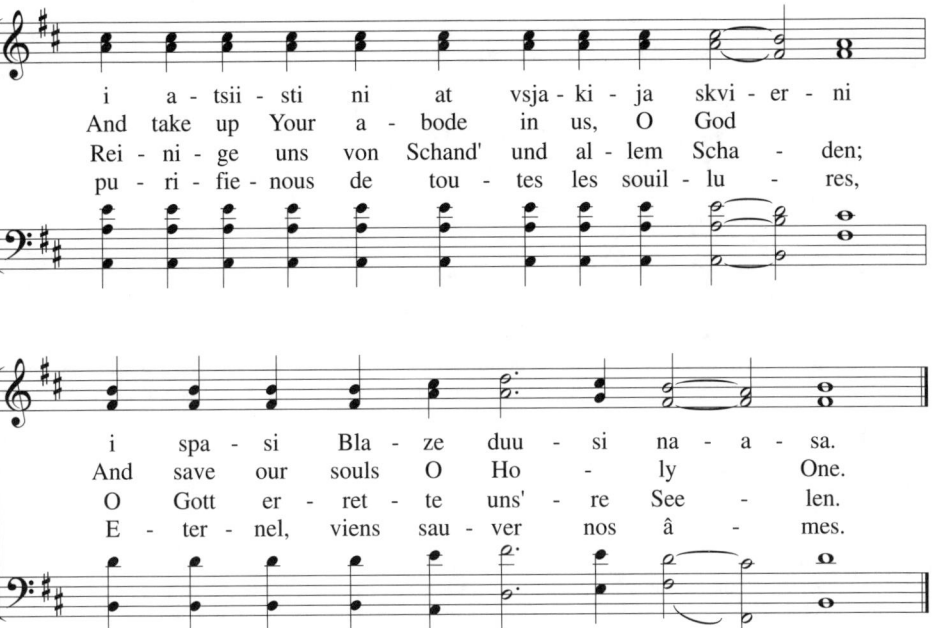

Milos Vesin: Serbia **35**

(Deutsch Dieter Trautwein)
(Español Juan A. Gattinoni)

Music / Musik

36

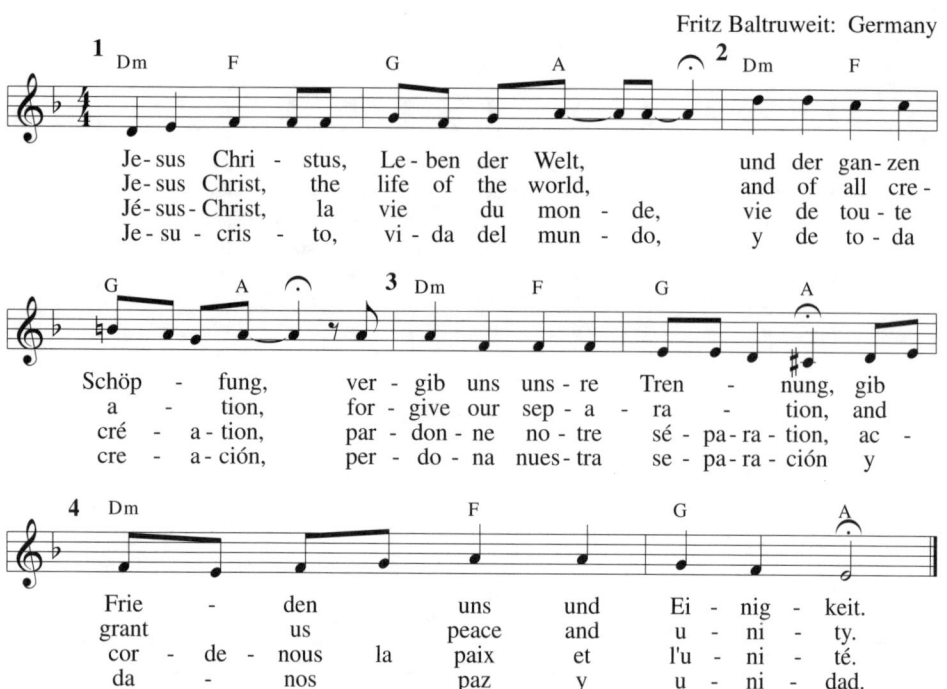

Fritz Baltruweit: Germany

Je-sus Chri - stus, Le-ben der Welt, und der gan-zen
Je-sus Christ, the life of the world, and of all cre -
Jé-sus - Christ, la vie du mon - de, vie de tou - te
Je-su - cris - to, vi-da del mun - do, y de to-da

Schöp - fung, ver-gib uns uns-re Tren - nung, gib
a - tion, for - give our sep-a - ra - tion, and
cré - a - tion, par - don - ne no - tre sé - pa - ra - tion, ac -
cre - a-ción, per - do - na nues-tra se - pa - ra - ción y

Frie - den uns und Ei - nig - keit.
grant us peace and u - ni - ty.
cor - de - nous la paix et l'u - ni - té.
da - nos paz y u - ni - dad.

37

I-to Loh: Taiwan

Ch'iu Chu lien - min wo - men.
Lord, have mer - cy on us.

Ch'iu Chi - tu lien - min wo - men.
Christ, have mer - cy on us.

Ch'iu Chu lien - min wo - men.
Lord, have mer - cy on us.

Herr, erbarme dich. Seigneur, aie pitié de nous. Señor, ten piedad de nosotros.

Musique / Música

38 Milos Vesin: Serbia

Tell us, Lord, tell us, Lord, what has hap-pened to us?
What has hap-pened to us?
Where did we go a - stray?

Sag uns, Jesus, was mit uns geschehen ist?
Dis-nous, Seigneur, ce qui nous est arrivé?
Dinos, Jesús, ¿qué nos ha pasado?

39

Jen-se Wu: Taiwan

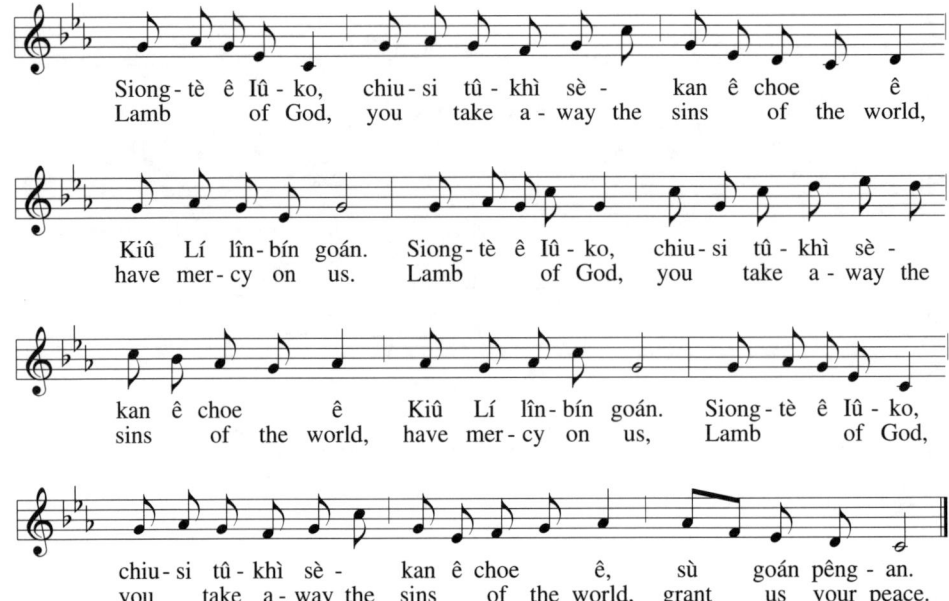

40

Ewe: Ghana

(as taught by Alexander Gondo)

Musique / Música

41 Soahuku tradition melody, Ceram Island, Indonesia; adap. Christian I. Tamaela

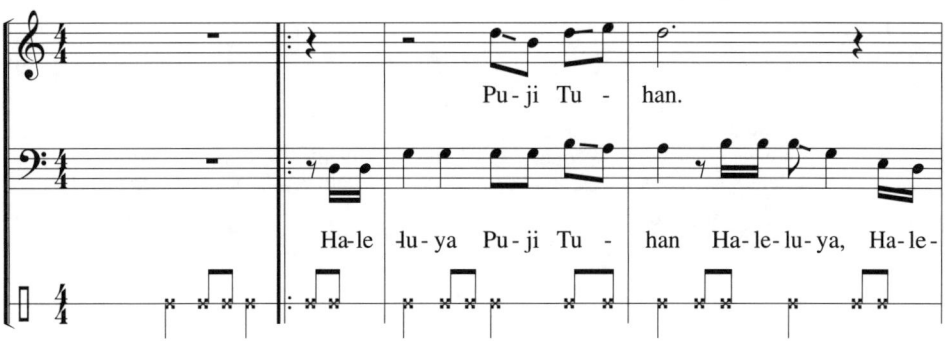

Praise the Lord

Music / Musik

42 Shirley Murray: Aoteroa/New Zealand Les cent cinquante Psaumes de David 1564

43

Anthony Kelly: Australia

Christopher Willcock, SJ: Australia

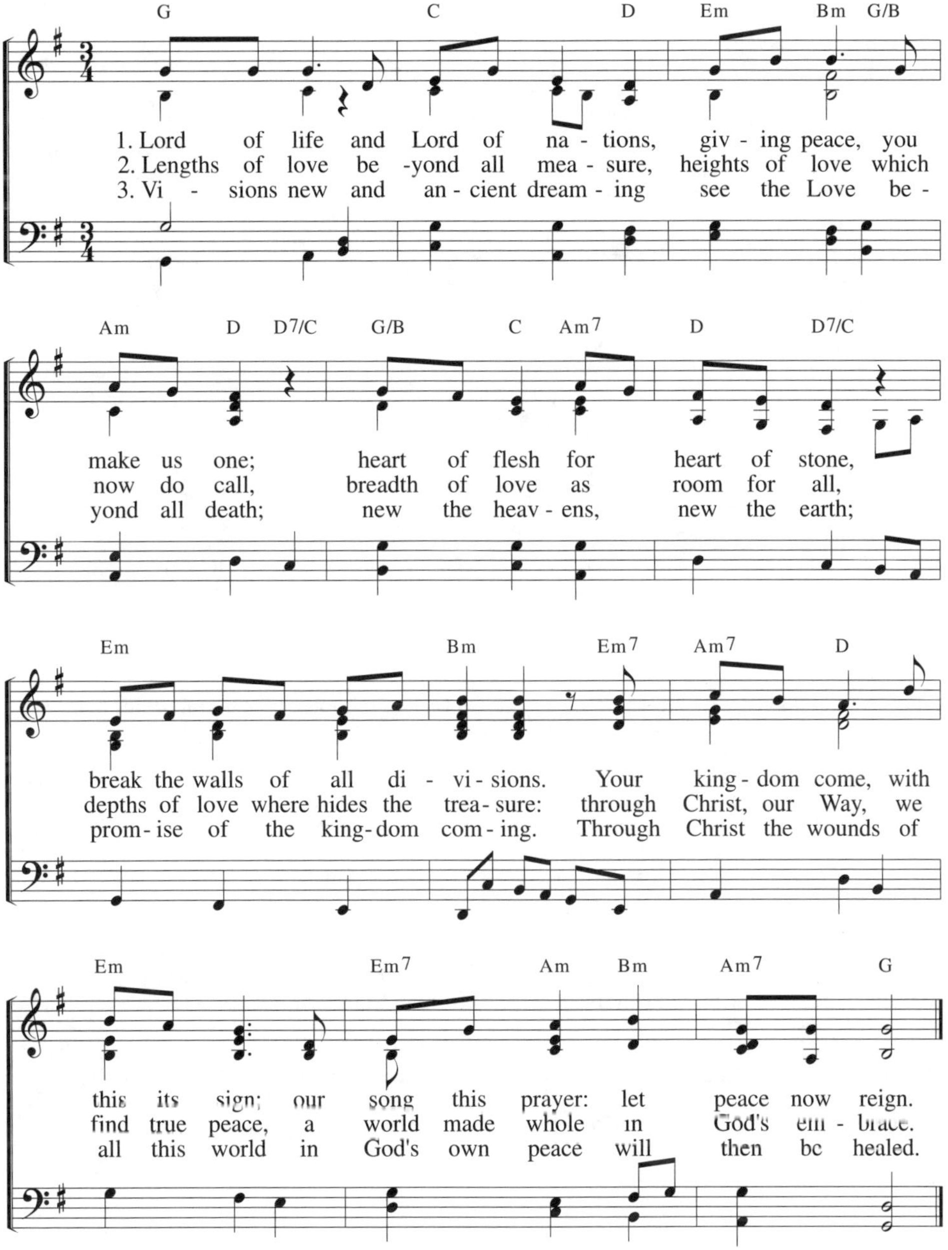

44

Per Harling: Sweden

2. För livets skull ger ännu marken gröda. / För livets skull bär jorden ännu kraft. / För livets skull ska alla få sin föda / ur denna jord vi fått - för livets skull.

3. För livets skull vänds vanmakten till vrede. / För livets skull ska rätten flöda fram. / För livets skull ska källor utav glädje / ge modet hopp och kraft - för livets skull.

4. För livets skull blev Gud ett barn, vår like. / För livets skull gav han sitt liv för oss. / För livets skull ska rättens rätta rike / bli synligt genom oss - för livets skull.

2. For sake of life the fields are being seeded. / For sake of life there's still growth in the earth. / For sake of life we'll share with all that need it / the bread from common soil - for sake of life.

3. For sake of life a righteous wrath needs power. / For sake of life let streams of justice roll. / For sake of life the springs of joy will mother / the newborn child of hope - for sake of life.

4. For sake of life our God became an infant. / For sake of life he lived and died for all. / For sake of life the time of God is constant. / The kingdom is at hand - for sake of life.

(Per Harling)

Musique / Música

2. Face à la vie, répandons la semence, / face à la vie, que grandisse le grain, / face à la vie, que nul ne désespère / que tous aient part au pain–face à la vie.

3. Face à la vie, la justice se révolte, / face à la vie, élevons notre voix, / face à la vie, redonnons espérance / aux victimes du mal–face à la vie.

4. Face à la vie, c'est Dieu qui se révèle, / face à la vie, il a donné son Fils / face à la vie, il a ouvert son règne, / son Royaume est tout près–face à la vie.

(Robert Faerber)

2. Por esta vida está sembrado el campo / por esta vida hay crecimiento aún / por esta vida el pan de nuestra tierra / compartiremos hoy, para vivir.

3. Por esta vida se rebela el débil / por esta vida justicia fluirá / por esta vida cada primavera / renueva y da valor para vivir.

4. Por esta vida Dios se hizo pequeño / por esta vida el vivió y murió / por esta vida el verdadero Reino / en nuestra acción verán, para vivir.

(Juan Gattinoni)

Romans 15:7　　　　　　　　　　　　　　　　Rolf Schweizer: Germany　**45**

46

Ephraim Amu: Ghana Adapt from Twi melody: Ghana

Musique / Música

Musique / Música

47

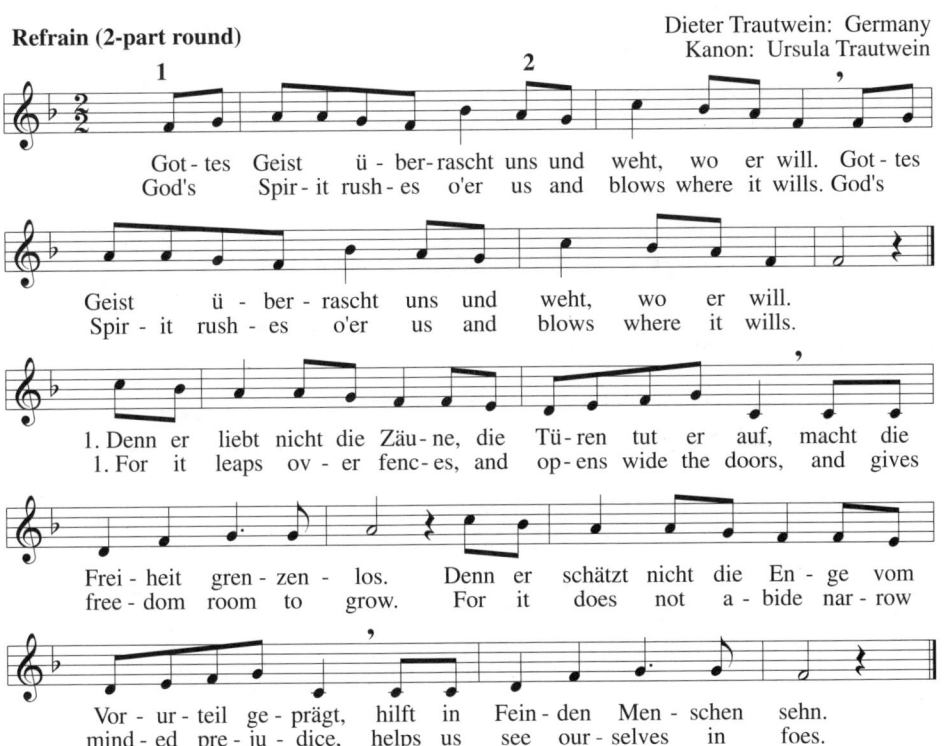

Refrain (2-part round)
Dieter Trautwein: Germany
Kanon: Ursula Trautwein

Got-tes Geist ü-ber-rascht uns und weht, wo er will. Got-tes
God's Spir-it rush-es o'er us and blows where it wills. God's

Geist ü-ber-rascht uns und weht, wo er will.
Spir-it rush-es o'er us and blows where it wills.

1. Denn er liebt nicht die Zäu-ne, die Tü-ren tut er auf, macht die
1. For it leaps ov-er fenc-es, and op-ens wide the doors, and gives

Frei-heit gren-zen-los. Denn er schätzt nicht die En-ge vom
free-dom room to grow. For it does not a-bide nar-row

Vor-ur-teil ge-prägt, hilft in Fein-den Men-schen sehn.
mind-ed pre-ju-dice, helps us see our-selves in foes.

2. Denn er löst uns von Ängsten, von Schuld, die uns bedrückt, / gibt uns Mut zum nächsten Schritt. / Denn er führt uns zusammen aus Völkern vieler Art, / macht, dass Fremde Freunde sind.

3. Denn er bringt seine Früchte auch dort noch an den Tag, / wo ein fremder Glaube wohnt. / Denn er zündet die Zeichen der Liebe überall, wo ein Mensch dem andern hilft.

4. Denn er wirkt auch im Seufzen der schwachen Kreatur, / bleibt der ganzen Schöpfung nah. / Denn nicht Menschen allein treibt der Geist aus Gottes Kraft, / alles Leben macht er neu.

(Dieter Trautwein)

2. For it frees us from anguish, from guilt that weighs us down, / shows the way to carry on. / For it draws us together and makes us all as one, / turning strangers into friends.

3. For it brings all its bounty to see the light of day / where another faith holds sway. / For it lights up the lantern of love in ev'ry place / where one person aids the rest.

4. For it even works wonders in feeble creature's sighs, / stays the whole creation nigh. / For it's not just in humans we see the Spirit's work, / God renews life ev'rywhere.

(Len Lythgoe)

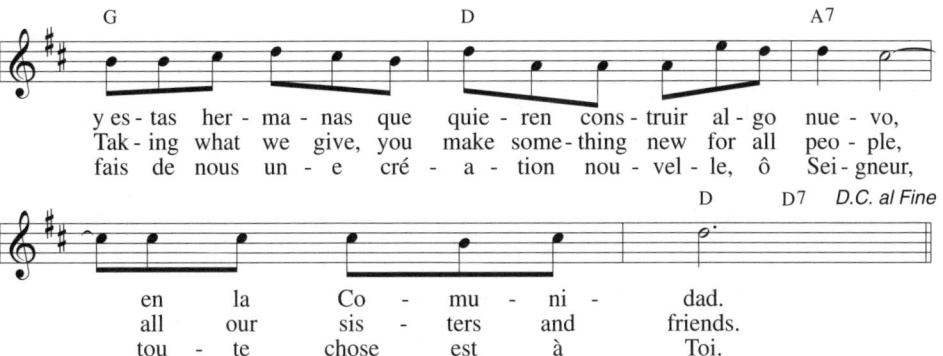

y es - tas her - ma - nas que quie - ren cons - truir al - go nue - vo,
Tak - ing what we give, you make some - thing new for all peo - ple,
fais de nous un - e cré - a - tion nou - vel - le, ô Sei - gneur,

en la Co - mu - ni - dad.
all our sis - ters and friends.
tou - te chose est à Toi.

2. Nosotros nos ofrecemosa ti / dandote lo que tenemos; / bosques y ríos, montañasy mar, / danzas, poemas y sueños. / Nuestras ciudades con su cruel rugir, / nuestra tierra con sus dones / y estos hermanos que quieren construir algo nuevo, en la Comunidad.

2. Forest and river, tall mountain and sea, / city with noisy throngs teeming, / land bearing fruit for a bright jubilee, / dancing and drawing and dreaming: / all that we are is surrendered to you, / carried in your hands, redeeming, / changing what we give to make something new for all people, all our brothers and friends.

(Terry MacArthur)

2. Forêts, montagnes et mers et ruisseaux / villes, villages, Seigneur Dieu, / fleurs et fruits de nos prés et de nos champs / bruit de nos rues, ô Seigneur Dieu, fêtes et danses, et rêves, projets / nous te les confions, Seigneur Dieu / Fais de tout une création nouvelle, ô Seigneur, toute chose est à Toi.

(Robert Faerber)

49

Alain Burnand: France

1. Ren - dons gloire a Dieu no - tre Pè - re, Bé - nis - sons no -
2. Que la joie de Dieu nous ha - bi - te, que la paix de
3. Al - le - lu, Al - le - lu - ia. Al - le - lu, Al -

tre Ré - demp - teur et que l'Es - prit Saint nous li - bè - re
no - tre Sei - gneur i - ci bas ja - mais ne nous quit - te,
le - lu - ia. Al - le - lu, Al - le - lu - ia.

de la tris - tesse et de la peur.
mais qu'elle é - clai - re no - tre cœur.
Al - le - lu - ia, Al - le - lu - ia.

Sources
Quellenangaben
Sources
Fuentes

● We wish to thank all those who have granted permission for the use of prayers, hymns and liturgical responses in this book. We have made every effort to trace and identify them correctly and to secure all the necessary permissions for reprinting. If we have erred in any way in the acknowledgments, or have unwittingly infringed any copyright, we apologize sincerely.

● Wir möchten uns bei allen bedanken, die uns den Abdruck der Gebete, Lieder und liturgischen Responsorien in diesem Buch ermöglicht haben. Wir haben uns bemüht, die jeweiligen Referenzen so genau wie möglich festzustellen. Sollte uns in den Angaben ein Fehler unterlaufen sein oder sollten wir irrtümlicherweise ein Copyright verletzt haben, so bitten wir um Entschuldigung.

■ Nous tenons à remercier toutes les personnes qui nous ont autorisés à publier les prières, les cantiques et les répons liturgiques reproduits dans cet ouvrage. Nous avons fait tout notre possible pour retrouver leurs auteurs et obtenir les autorisations nécessaires à leur réimpression. Si toutefois nous avions fait une erreur dans l'attribution de ces œuvres, ou porté atteinte aux droits d'auteur de quiconque, nous nous en excusons très sincèrement.

■ Deseamos expresar nuestro agradecimiento a todas las personas que nos han autorizado a publicar los oraciones, los himnos y las respuestas litúrgicas que figuran en este libro. Hemos hecho todo lo posible por identificarlas debidamente y por obtener los permisos necesarios de reimpresión. Si hubiera algún error en los datos, o cualquier desconocimiento involuntario de los derechos de autor, les pedimos disculpas.

● Copyright holders have given their permission that material in this book may be reproduced by a church congregation for use in worship services. However, the copyright holders retain all rights and permission needs to be obtained for all other uses. The following copyright holders are exceptions to this statement:

● Die verschiedenen Copyright-Inhaber haben ihre Erlaubnis dafür gegeben, dass Gemeinden das in diesem Buch verwendete Material für den Gebrauch im Gottesdienst nachdrucken können. Die Copyright-Inhaber behalten jedoch sämtliche Urheberrechte, und für jegliche sonstige Verwendung muss ihre Erlaubnis eingeholt werden. Von dieser Regelung ausgenommen sind die folgenden Copyright-Inhaber:

Sources / Fuentes

■ Tous les droits d'auteur sont réservés. Toutefois, les détenteurs de ces droits autorisent les paroisses à reproduire les textes qu'elles souhaiteraient utiliser lors de cultes ou de célébrations. Les auteurs suivants n'accordent pas cette autorisation:

■ Reservados todos los derechos de autor. No obstante, los titulares de esos derechos autorizan a las parroquias a reproducir los textos que deseen utilizar con ocasión de cultos o celebraciones. Los siguientes autores no acuerdan esta autorización:

32, 42, 45, 47, 49

Prayers/Gebete/Prières/Oraciones

1. In *All Desires Known:* © 1988, Janet Morley, new edition 1992, SPCK, London, U.K. Deutsch: *Preisen will ich Gott, meine Geliebte,* © Verlag Herder, Freiburg im Breisgau, Germany.

2. St. Dionysius, A.D. 818 from *A Chain of Prayer across the Ages,* compiled by Selina Fitzherbert Fox, John Murray, London, England, sixth edition 1941.

3. From the Divine Liturgy of St. Mark.

5. St. Ignatius of Antioch (c. AD 115 *Letter to the Magnesians*).

6. Opening worship Faith and Order fifth world conference.

14. Joan B. Campbell, National Council of the Churches of Christ in the USA.

15. Prayer used at the Lambeth Conference 1978 / Gebet anlässlich der Lambeth-Konferenz, 1978 / Prière utilisée à la Conférence de Lambeth, 1978 / Oración de la Conferencia de Lambeth, 1978.

16. Sarah Chakko: Syrian Orthodox, Indian / Syrisch-Orthodoxe Kirche, Indien / orthodoxe syrienne, Inde / Iglesia ortodoxa siria, India.

17. Emerging out of the movement of charismatic renewal, this prayer is used in both the Republic and Northern Ireland. *Unity*, the newsletter of the Irish School of Ecumenics. / Das Gebet stammt aus der charismatischen Erneuerungsbewegung und wird sowohl in Irland als auch in Nordirland verwendet. *Unity*, Informationsbrief der Irish School of Ecumenics. / Issue du mouvement de renouveau charismatique, cette prière est utilisée à la fois en République d'Irlande et en Irlande du Nord. *Unity*, bulletin d'information de la Irish School of Ecumenics. / Surgida en el movimiento de renovación carismática, esta oración es común a la vez a la República de Irlanda y a Irlanda del Norte. *Unity,* boletín del Irish School of Ecumenics.

18. Franciscan Prayer, Week of Prayer for World Peace, 1986 / Franziskanisches Gebet, Gebetswoche für den Weltfrieden, 1986 / Prière

franciscaine, Semaine de prière pour la paix, 1989 / Oración franciscana, Semana de Oración por la Paz Mundial, 1986.

20. Prayer from Ghana / Gebet aus Ghana / Prière du Ghana / Oración de Ghana.

21. Middle East / Naher Osten / Moyen Orient / Medio Oriente.

22. Africa / Afrika / Afrique / Africa.

24. Syrian Clementine Liturgy / Syrisch-Clementinische Liturgie / Liturgie clémentine syrienne / Liturgia sirioclementina.

25. Caribbean Conference of Churches, opening service of the fourth assembly / Karibische Konferenz der Kirchen, Eröffnungsgottesdienst der Vierten Vollversammlung / Conférence des Eglises des Caraïbes, culte d'ouverture de la Quatrième Assemblée / Conferencia de Iglesias del Caribe, servicio de apertura de la Cuarta Asamblea.

26. From 'Objects of the Passion' © Kenneth Carveley in *All the Year Round - Unity in Prayer* 1992, Council of Churches for Britain and Ireland, Inter Church House, 35-41 Lower Marsh, London SE1 7RL, England.

27. Adapted from a litany of the Week of Prayer for Christian Unity, 1981 /Nach der Litanei der Gebetswoche für die Einheit der Christen 1981 / D'après une litanie de la Semaine de prière pour l'unité des chrétiens, 1981 / Adaptado de una letanía de la Semana de Oración por la Unidad de los cristianos, 1981.

29. *Be Our Freedom, Lord: Responsive Prayers and Readings for Contemporary Worship*, prepared and edited by / Bearbeitet und herausgegeben von / préparé et publié par / preparado y publicado por Terry C. Falla, Adelaide: Lutheran Publishing House, 1981.

Music / Musik / Musique / Música

30. © Asian Institute for Liturgy and Music, P.O. Box 3167, 1099 Manila, Philippines.

31. © melody, Française Centre National de Pastoral Liturgique, 4 avenue vavin, Paris 75006, France. English: Fred Kaan © Stainer & Bell Ltd. P.O. Box 110, Victoria Hse, 23 Gruneisen Road, London N3 IDZ, England. Deutsch: Bärenreiter-Verlag, Heinrich-Schütz-Allee 31-37, 3500 Kassell Wilh., Germany.

32. Words: Frederick B. Morley © words: 1954. Renewal 1982 by The Hymn Society, Texas Christian University, Fort Worth, TX 76129. All rights reserved. Used by permission.

33. © All Africa Conference of Churches, Waiyaki Way, P.O. Box 14205, Westlands, Nairobi, Kenya.

35. © 1992 Milos Vesin.

36. © Fritz Baltruweit, Herschelstrasse 5, D-3008 Garbsen 4, Germany.

37. © I-to Loh, Asian Institute for Liturgy and Music, P.O. Box 3167, 1099 Manila, Philippines.

38. © 1992 Milos Vesin.

39. © Jen-se Wu, Asian Institute for Liturgy and Music, P.O. Box 3167, 1099 Manila, Philippines.

41. © Christian I. Tamaela, Asian Institute for Liturgy and Music, P.O. Box 3167, 1099 Manila, Philippines.

42. © words Hope Publishing Company, 380 S. Main Place, Carol Stream, IL 60188, USA.

43. © words Anthony Kelly, CSsR, music Christopher Willcock, SJ. Used by permission

44. © 1992 Per Harling.

45. © Strube Verlag GmbH, München.

46. © All Africa Conference of Churches, Waiyaki Way, P.O. Box 14205, Westlands, Nairobi, Kenya.

47. © Strube Verlag GmbH, München. English translation © Len Lythgoe.

48. © 1993 Rafael Zamora.

49. © Alain Burnand.

50. © Pablo Sosa.

Index / Index / Index / Indice
Hymns and liturgical responses / Lieder und liturgische Responsorien / Cantiques et répons / Himnos y responsorios litúrgicos

> Ch'iu Chu lienmin women 37
> Dieu nous convie à nous unir 33
> Dinos, Jesús 38
> Dis-nous, Seigneur 38
> Face à la vie 44
> For sake of life 44
> För livets skull 44

Index / Index

God calls us all to be at one	33
God's Spirit rushes o'er us	47
Gottes Geist überrascht	47
Gracias, muchas gracias	48
Grâce, rendons grâce	48
Hallelujah	40
Halleluya Puji Tuhan	41
Herr, erbarme dich	37
Im Frieden mach' uns eins	31
Jesucristo, vida del mundo	36
Jesus Christ, the life of the world	36
Jesus Christus, Leben der Welt	36
Jesus, Saviour, Spirit, Sun	42
Jésus-Christ, la vie du monde	36
Komm zu uns Heilger Geist	35
La bendición de Dios	50
Lamb of God	39
Lord of life and Lord of nations	43
Lord, have mercy on us	37
Love your neighbour	46
Nehmet einander an	45
O basudara	30
O church of God, united	32
O come together	30
O heavenly King	34
O Himmelskönig	34
O Holy Spirit, come	35
O Roi céleste	34
Por esta vida	44
Recevez l'autre	45
Rendons gloire	49
Sag uns, Jesus	38
Seigneur, aie pitié de nous	37
Seigneur, rassemble-nous	31
Señor, ten piedad de nosotros	37
Siongtè ê Iûko	39
Tell us, Lord	38
The blessing of the God	50
Tsarju nibiesni	34
Unite us, Lord, in peace	31
Ven Santo Espiritu	35
Welcome each other	45
Zo ha kpakpa kpe Ha boka	33